Paul Badde

Die Lukas-Ikone

Roms verborgenes Weltwunder

Paul Badde

Die Lukas-Ikone

Roms verborgenes Weltwunder

CHRISTIANA

VIA VERITAS VITA

in der Fe-Medienverlags GmbH
Hauptstraße 22, 88353 Kisslegg
www.fe-medien.de

2. Auflage 2024
Gestaltung: Regina Steinhardt
Druck: Pustet, Regensburg
ISBN 978-3-7171-1380-5

Printed in EU

„Was ist das Schwerste von allem?
Was dir das Leichteste dünket: Mit den Augen zu sehn,
was vor den Augen dir lieget.“

Johann Wolfgang von Goethe, Xenien aus dem Nachlass, 45

Für Regina Coeli,
die Königin des Himmels,
und all unsere Kinder

Jerusalem, im Frühjahr 48. Fünfzehn Jahre sind vergangen, seit Jesus von Nazareth hier auf dem Golgathahügel am Kreuz zu Tode kam und nach drei Tagen wieder als Lebendiger unter jenen Frauen erschien, die ihm von Galiläa gefolgt waren, und unter den Aposteln. Nun sind diese Apostel noch einmal an den Ort des letzten Abendmahls zurückgekommen, mit Matthias statt Judas, und jetzt auch mit Paulus, dem ehemaligen Todfeind der Urgemeinde, der Titus und den Evangelisten Lukas aus Antiochia als Gefährten bei sich hat. Johannes aber, der Liebling Jesu, hat Maria, dessen Mutter, aus Ephesus mitgebracht. Wichtige Streitfragen haben sie alle noch einmal auf den Zionsberg geführt. Dennoch war die Christenheit wohl niemals einiger als in diesen dramatischen Stunden, in denen hier Unglaubliches geschah. Doch nichts Unsichtbares! Ganz im Gegenteil. Dafür öffnet uns Paul Badde vor dem wichtigsten Bilddokument des ersten Konzils die Augen, das er in der längsten Recherche seines Lebens in Rom entdeckt hat, wo er uns zu Zeugen macht für den leisen Urknall unserer Bilderwelt.

Paul Badde, Jahrgang 1948, war Lehrer für Geschichte und Politik in Frankfurt, ab 1980 Reporter und Redakteur der Frankfurter Allgemeinen Zeitung, von 2000 bis 2013 Korrespondent der Welt in Jerusalem, Rom und im Vatikan, ist Autor mehrerer Bücher, Gründungsherausgeber des Vatican-Magazins und seit 2013 Autor zahlreicher Filme für den Sender EWTN.

Eine Liebesgeschichte

Maria und Joseph

Die Mutter Maria, im Oktober 1947, seit drei
Monaten schwanger mit dem Autor

Ich sah meine Mutter sterben, als ich vier war. Sie hieß Maria und meinen Vater hatte sie, denke ich, vor allem geheiratet, weil er Joseph hieß. Und weil er so ein guter Tänzer war. Dafür hatte sie sogar einen hübschen Paul fallen lassen, der ihr damals den Hof machte und schickte ihm die Armbanduhr zurück, die er ihr schon geschenkt hatte. Das war vor dem Krieg. Da hatte sie meinen Vater auf einem Ball in Krefeld kennen gelernt und beim Tanzen sogleich gedacht: „Das ist er!" Doch er war auch ein Theaterfriseur. Deshalb fragte sie ihn nach dem ersten Tanz zuerst: „Sind Sie katholisch?" Als er bejahte, war die Sache für sie entschieden. Auch mein Leben also, von dem ich im Folgenden deshalb ebenfalls ein wenig berichten muss.

Meine Mutter war keine Heilige, sie konnte oft sehr ungerecht sein, aber sie war so römisch-katholisch wie Domingo de Guzman aus Spanien, Tommaso d'Aquino aus Italien, Edith Stein aus Breslau, die „Resl" aus Konnersreuth oder Karol Woityla aus Krakau. Diesen Glauben habe ich mit ihrer Muttermilch aufgesogen. Ungläubig war ich nie, auch wenn ich mich an Gottes Gebote meist nicht gehalten habe. Wegen einer schweren Augenerkrankung in ihrer Kindheit im Osten der Eifel hatte meine Mutter viele Jahre keine Schule besucht und vom üblichen Bildungsweg der späten Kaiserzeit kaum etwas mitgenommen. Ihre Bildungsanstalt war die katholische Kirche. Vom heiligen Laurentius und seinem trockenen Humor selbst auf dem Grill seiner Peiniger konnte sie mir deshalb erzählen, als sei er ihr Cousin oder ein anderer naher Verwandter gewesen. Nach dem Tod meines Vaters schickte sie mich mit Hilfe des Pfarrers nach Aachen auf das Pius-Gymnasium. Von ihr habe ich gelernt, dass Glaube nichts mit Gefühlen zu tun hat, sondern eine Sache des Verstandes ist. Daran erinnere ich mich auch, wenn ich daran denke, wie ich sie sterben sah. Mit vier Jahren war ich noch zu jung für Gefühle, wenn mich nicht alles täuscht, und habe nur alles mit großen Augen angeschaut.

Mutter lag im Bett der Eltern. Meine älteren Brüder standen um sie herum und weinten, auch mein Vater. Er schien zu verzweifeln vor Sorge, seine sechs Söhne ab jetzt als Witwer aufziehen zu müssen. Schluchzend betete er mit meinen Brüdern den Rosenkranz, um die Muttergottes um ihren Beistand anzuflehen. Sie spüre ihre Hände und Füße nicht mehr, sagte Mutter mit schwacher Stimme, als Pastor Frenck, unser Dorfpfarrer, plötzlich im Türrahmen stand. Es gab kein Rathaus und keinen Bürgermeister in unserem Dorf, wo der Turm der Sankt Anna-Kirche wie eine Kompassnadel in den Himmel ragte und der kahlköpfige Pfarrer die Respektsperson des ganzen Ortes war.

Nun war er in „Chorkleidung“ gekommen, das heißt in seinem weißen Übergewand mit einem Saum aus Spitzen über der schwarzen Soutane, mit einer goldbesetzten schwarzen Stola aus Brokat um den Hals, um Mutter die „letzte Ölung“ zu spenden, wie das Sakrament der Krankensalbung damals in der katholischen Welt noch allgemein hieß, als eine jener sieben Zeichenhandlungen der Kirche, von denen es heißt, dass in ihnen auf sichtbare Weise die unsichtbare Gegenwart Gottes und sein Handeln an den Menschen offenbar wird.

Ein Ministrant hatte Pastor Frenck mit dem Licht einer flackernden Kerze in einer Laterne auf diesem „Verseh-Gang“ begleitet und mit einem silbernen Wasserkessel, aus dem der Priester uns jetzt mit Hilfe eines Buchsbaumbüschels mit Weihwasser besprengte. Mein Vater hatte die beiden aus dem nahen Pfarrhaus rufen lassen. War auch Weihrauch dabei? Ich rieche ihn nicht. Aber ich weiß, wie das Schluchzen und Beten meines Vaters und meiner Brüder lauter wurde, als Pastor Frenck die lateinischen Gebete der Krankensalbung anstimmte und meine Mutter an ihren Augen, den Ohren, der Nase, den Lippen, den Händen und Füßen mit Öl aus einem Silberschiffchen salbte. Da schlug meine Mutter die Augen auf und sagte, wir sollten doch einmal aus dem Fenster schauen. Unter uns werde gerade ein Sarg ins Haus getragen. Ich lief zum offenen Fenster und schaute hinab. Wir wohnten im ersten Stock eines Hauses auf der linken Seite der Straße, die von der Kirche zum Friedhof führte.

Mutter hatte Recht. Vier Männer trugen tatsächlich gerade einen Sarg durch die Haustür in das Erdgeschoss. Gleich danach spürte meine Mutter ihre Hände und Füße wieder und die Farbe kehrte in ihr Gesicht zurück. Unter uns war das verbitterte 85 Jahre alte „Fräulein" Hermes gestorben, wie wir danach erfuhren, die das Leben meiner Mutter mit ihren lebhaften Söhnen so schwer gemacht hatte, wie sie nur konnte. Zu ihr war Pastor Frenck nicht gerufen worden. So sah ich meine Mutter mit vier Jahren sterben und mitten in der Krankensalbung wieder auferstehen.

Sie war damals 44 Jahre alt, mein Vater 45. Beide hatten zwei Weltkriege überlebt, sie an der Heimatfront, ihr Joseph von 1939 bis 45 in Paris und der Bretagne, dann vor Moskau, in Stalingrad, auf der Krim und im Kaukasus, bevor er im April 1945 bei Augsburg als Vater von inzwischen vier Söhnen in amerikanische Kriegsgefangenschaft geraten war und bei Bensheim an der Bergstraße interniert wurde. Ich war danach der erste seiner Söhne, den er von Geburt an im Frieden aufwachsen sah.

Drei oder sechs Tage vor ihrer „letzten Ölung" war meine Mutter morgens plötzlich umgefallen, als sie Klaus und mir das Frühstück machte. Klaus war drei. Da kippte sie vor uns einfach um und fiel zu Boden. Es sei das Herz, sagte Doktor Pfister später. Mutter erholte sich rasch und wurde danach noch 41 Jahre älter, auch über den Herztod meines Vaters sechs Jahre später, als ich zehn war. Von ihr weiß ich, dass die Tage von Weihnachten bis zum Fest der Epiphanie am 6. Januar um die Spanne eines „Hahnenschreis" länger werden, wie sie es in der sogenannten „Schneifel", der Schnee-Eifel an der belgischen Grenze, gelernt hatte, wo sie als drittes Kind eines Landwirts zur Welt gekommen war. Sie heilte meine Schürfwunden, indem sie Wein und Öl in sie goss, wie sie es im Evangelium vom barmherzigen Samariter gelernt hatte. Dabei hatte sie noch nie einen Ölbaum gesehen und Wein gab es in unserem Dorf nur in der Drogerie zu kaufen, bei Roshack „Karlchen", neben der Kirche. Wenn ich morgens zur Schule ging, sah ich auf dem Weg vor dem Friedhof eine Lerche mit unvergleichlichem Gezwitscher links von mir aus dem Acker senkrecht in den Himmel hinaufsteigen. Es war die Welt mit dem Wald hinter unserem Haus, in dem ich mich am liebsten mit meinen Freunden Ditsch und Wipp und Hein (Dieter und Wilfried und Heinz) herumtrieb und Abenteuer suchte oder ausdachte. Das mag für viele heute eine fremde, kaum vorstellbare Welt sein. Doch was heißt das? Es war eine Welt, wo Maria, die Gottesmutter aus dem fernen Nazareth, immer nah war. Denn sie spielte, obwohl sie fast 2000 Jahre vorher gestorben war, die wohl wichtigste Rolle im Leben meiner Mutter. Mir fehlte nichts, auch kein Unglaube.

Gestehen muss ich allerdings, dass meine fünf Brüder die Welt allesamt ganz anders sahen. Denn auch dies muss ich noch berichten. Ich zeichnete und malte als Kind, wann immer ich konnte und zuhause und nicht draußen war. Als mein Vater auf dem Weg zur Arbeit mit einem Herzinfarkt vom Fahrrad gefallen war und unser Haus sich mit lärmenden Nachbarinnen füllte, die meine hemmungslos weinende Mutter trösten wollten, setzte ich mich in diesem Geschnatter mit Buntstiften und einem Block im Wohnzimmer in eine Ecke und malte und malte und malte. Was? Es war ein Paradies mit den Tieren des Waldes, in das ich mich mit meinen Buntstiften hineinversetzte. Ich lebte in Bildern und dachte in Bildern und merkte mir Bilder, die ich sah, als seien es Schnappschüsse mit einer Kamera. Das blieb noch sehr lange so. Bilder und Wunder bestimmten mein Leben, seit ich denken kann, „blaue Wunder" inbegriffen.

Maria aber ist die Frau, von der es in der Weltgeschichte so viele Bilder und Wunder gibt wie von keiner anderen Person. Die Königin des Himmels ist auch die Königin der Bilder, von der ich jetzt berichten will. Und während ich mich daransetze, schaut alle Welt mit mir entsetzt auf Mariupol in der Ukraine, die „Stadt Marias" am Asowschen Meer, die gerade von der Furie des Krieges verwüstet wird. Die Hölle ist zurück in der Welt. Im Sommer 2022 wurde das Leben in Europa wieder so trügerisch wie im Sommer von 1914 – nach den Schüssen von Sarajevo, mit dem Unterschied, dass weder Kaiser Wilhelm II. noch Zar Nikolaus II. über Arsenale voller Atomwaffen verfügten.

Dennoch muss ich dieses Buch über die Königin der Bilder nun zu Ende schreiben, die auch die Königin des Friedens ist. Ich habe es vor über zwanzig Jahren begonnen, in denen mich oft Zweifel innehalten ließen, ob das Thema, zu dem schon ganze Bibliotheken geschrieben wurden, nicht zu groß und unübersichtlich ist, um ihm in einem einzelnen Werk gerecht zu werden. Deshalb will ich ihm die Worte voranstellen, die Ernst von Dobschütz in Halle an der Saale schon im Jahr 1899 seinem Klassiker über die Christusbilder vorangestellt hat: „Wer sich in so vielen Fragen gleichzeitig orientieren muss, wird immer Gefahr laufen, den Fachleuten als Dilettant zu erscheinen. Und thatsächlich fühle ich mich auf mehr als einem der berührten Gebiete ganz als solcher. Doch wollte ich lieber das darin liegende Odium auf mich nehmen, als auf den grossen Vorzug verzichten, eine möglichst allseitige und umfassende Anschauung von den Dingen zu erlangen." So will auch ich es also halten.

Meine Erzählung kommt darum als fortlaufender Bericht auf Sie zu, in dem ich niemanden belehren will. Ich bin hier nicht nur „in einem anderen Jahrhundert unterwegs", sondern auch in einem anderen Jahrtausend, hier wie da in der Ewigkeit, die alle Welten und Zeiten umfängt. Konkret ist es am Ende des Gutenberg-Zeitalters ein Buch über die Suche nach dem ältesten Marienbild der Welt und *„non fiction"*, also ein Sachbuch, in dem ich vom Ursprung der Welt unserer Bilder berichte. Möglicherweise enthält es auch Teile von *„fiction"*. Denn es heißt von der ersten Marienikone, der Evangelist Lukas selbst habe sie noch zu Marias Lebzeiten in Jerusalem gemalt. Doch wer soll so etwas glauben können? Ich nicht.

Das große Tabu

„Moses zerschmettert die Gesetzestafeln" von Rembrandt van Rijn, 1659, Berlin, Gemäldegalerie

Meine Zweifel, dass der Evangelist Lukas jemals Maria lebend in Jerusalem gemalt haben könnte, werden leicht durch ein Experiment verständlich. Wer zum Beispiel in Rom die Kapitolinischen Museen besucht oder über die Prachtstraße der Fori Imperiali von der Piazza Venezia zum Kolosseum hinübergeht, wird dort vielen Büsten von Cäsar, Augustus oder anderen Imperatoren des römischen Reiches begegnen, die so realistisch gestaltet sind, dass an der authentischen Abbildung dieser Personen fast keine Zweifel aufkommen können, auch wenn wir uns diese Skulpturen im Originalzustand wohl allesamt farbig und nicht marmorweiß vorstellen müssen. Ähnliches gilt für den griechischen und hellenistischen oder ägyptischen Kulturraum.

Das ist ganz anders in Jerusalem. Da gibt es aus der Antike kein einziges zeitgenössisches Bild der Makkabäer oder des Königs Herodes oder der großen Rabbiner Hillel, Schammai, Gamaliel und natürlich auch nicht von Jesus von Nazareth. Das hatte seinen tiefsten Grund in dem Gesetz, das Moses auf dem Berg Sinai von Gott selbst empfangen und auf zwei Steintafeln zu dem Volk Israel hinuntergetragen hatte. Die ersten Sätze lauteten: „Ich bin JHWH, dein Gott, der dich aus dem Land Ägypten herausgeführt hat, aus dem Sklavenhaus. Du sollst neben mir keine anderen Götter haben. Du sollst dir kein Kultbild machen und keine Darstellung von irgendetwas am Himmel droben, auf der Erde unten oder im Wasser unter der Erde." Das Bilderverbot der jüdischen Welt war das große Tabu, von dem wir uns heute kaum noch eine Vorstellung machen können. – Doch kaum war Moses vom Sinai herabgestiegen, musste er am Fuß des Berges sehen, wie die Israeliten in seiner Abwesenheit ein goldenes Kalb gegossen hatten und anbeteten, in einem monströsen Verstoß gegen das erste der Gebote, die er ihnen gerade von Gott persönlich überbringen wollte. Darüber entbrannte der Zorn des Moses so sehr, dass er die göttlichen Tafeln sogleich an einem Felsen zerschmetterte.

Denn die ersten drei Gebote verschmelzen ja fast zu einem einzigen, sodass an erster Stelle quasi ein Dreifachgebot steht, in einem einzigen Atemzug. Statt von zehn könnten wir deshalb fast von acht Geboten sprechen, wobei dieses erste Gebot die jüdische Eigenart zusammen mit den Reinheitsgeboten wie kein anderes geprägt hat.

Zur Zeit Jesu kommt die radikale Verschiedenheit der heidnischen und der jüdischen Welt vielleicht am besten in der Szene zum Ausdruck, die Matthäus im 22. Kapitel seines Evangeliums schildert, wo Jesus sich im Disput mit den Pharisäern eine Steuermünze von ihnen reichen lässt, um sie zu fragen: „Wessen Bild und Aufschrift ist das?“, worauf sie ihm antworten müssen: „Des Kaisers“. Es ist die scharfe Unterscheidung zwischen der Bilderwelt der hellenistischen und römischen Heiden und der strengen Schriftkultur Israels im Zeitalter der ultimativen Zeitenwende.

Und ähnlich dürfen wir uns die räumliche Scheidung dieser Kulturen vorstellen. An der Peripherie der jüdischen Welt, etwa im Osten Syriens, wurden vor hundert Jahren an den Ufern des Euphrat in Dura Europos eine bemalte Synagoge und eine erste bemalte christliche Hauskirche aus der Antike ausgegraben, deren Wände jeweils ganz mit lebendigen Szenen aus der Bibel ausgemalt waren. Beide Gebäude stammen jedoch erst aus dem 3. Jahrhundert und das ist wichtig. Damit zeugen sie nämlich beispielhaft von einem Paradigmenwechsel, der inzwischen stattgefunden haben musste, und davon, dass es in solchen kulturellen Randgebieten viel eher zu gegenseitigen Einflussnahmen kommen konnte.

In Jerusalem jedoch, dem Zentrum der jüdischen Welt, waren solche Vermischungen lange undenkbar. An der Bundeslade, in der die Gesetzestafeln aufbewahrt wurden, ließ zwar schon König Salomon „zwei Cherubim aus Olivenholz anbringen" wie es im Buch der Könige heißt, und das Waschbecken am Tempel, „stand auf zwölf Rindern". Doch Porträts von Menschen, die nach dem Schöpfungsbericht ja als „Ebenbilder Gottes" geschaffen worden waren, blieben vollkommen tabu. Gott durfte keineswegs dargestellt werden. Also durften Menschen auch keine Menschen malen! Deshalb gab es im alten Israel auch keine Maler oder Bildhauer, von denen wir wissen.

Die ersten namentlich bekannten Maler der Antike stammten allesamt aus Griechenland, wie etwa Polygnotos aus Thasos, Apelles, der Zeitgenosse Alexanders des Großen, aus Kolophon, Zeuxis aus Herakleia, Pausias aus Sikyon und eine Handvoll anderer. Ein jüdischer Name findet sich nicht unter ihnen.

Auch aus den Fresken in Pompeji wissen wir, welch hohes Maß an zweidimensionaler Malerei die Antike im gesamten hellenistisch-römischen Raum im ersten Jahrhundert gerade in der Porträtkunst schon hatte. Doch das blieb im Kultraum Israels ganz anders. Und Jerusalem war als Israels politische und kulturelle Hauptstadt die jüdischste aller jüdischen Städte – bis die Römer ihre Mauern im Jahr 135 unter Kaiser Hadrian schleiften, ihre Bevölkerung in alle Winde zerstreuten und sie mit antiker Härte in die erste „judenfreie" Stadt der Weltgeschichte verwandelten. Da erscheint es kaum denkbar, dass es hier im ersten Jahrhundert zu dem Porträt einer jüdischen Frau gekommen wäre, und sei sie auch noch so schön gewesen.

„Alle gläubigen gesetzestreuen Juden haben dieses Bildverbot, ganz egal, welcher Richtung sie angehören", schreibt mir mein alter Freund Jochanan nun jedoch aus der Bronx im Norden New Yorks, und weiter: „‚Gott' (das deutsche Wort ist übrigens nur ein Hilfsbegriff) hat keinen Körper und kein Gesicht, die einzigen Abbilder Gottes sind die Menschen, die herumlaufen oder im Rollstuhl sitzen oder auf dem Sterbebett liegen. Verraten kann ich Dir noch, dass der hebräische Gottesname, der Schem Hameforasch, ein VERB ist, also ein Tätigkeitswort, und kein Substantiv. Ganz eindeutig. Genauer: es ist eine Zusammenziehung des Verbs ‚Sein' in allen drei Zeitformen: jihie (wird sein), haja (ist), howeh (war). Wenn Du aber ein allgemeines Abbildverbot meinst (also nicht bezogen auf Gott): Das gibt's im Judentum nicht." – Dass die klare Anweisung aus den zehn Geboten „Du sollst dir … keine Darstellung [machen] von irgendetwas am Himmel droben, auf der Erde unten oder im Wasser unter der Erde" in der Antike in Jerusalem aber ebenso liberal ausgelegt wurde wie heute von meinem alten Freund Hannes in New York, ist mir wiederum kaum vorstellbar.

Selbst die späteren jüdischen Schriften, wie der Talmud und die Midraschim, betonen noch einmal die Bedeutung des Bilderverbots und stellen dieses Gebot als zentrale Lehre jüdischen Glaubens dar. Geändert hat sich dies erst durch einen Jahrhunderte langen Wettbewerb der jüdischen Welt des Wortes mit der bilderreichen Welt der Christen. Auch die jüdischstämmigen Maler Amadeo Modigliani (1884 – 1920) aus Livorno oder Marc Chagall (1887 – 1985) aus Witebsk können deshalb nicht als Kronzeugen für das ungeheure Spannungsfeld der jüdischen und der nichtjüdischen Welt, zwischen Jerusalem und Athen, um die Zeitenwende vor über 2000 Jahren dienen.

Damals begegnet uns in Jerusalem das erste Gebot mit seinem Bilderverbot noch wie der Notenschlüssel der jüdischen Geschichte überhaupt, zusammen mit den Reinheitsgeboten. In der Welt dieses Zeitraums war Maria so jüdisch wie ihr Sohn Jesus. Da galt auch für Mirjam und Jeshua das erste Gebot. Und diesem Gesetz muss sich in Jerusalem auch Lukas verpflichtet gefühlt haben, obwohl er selbst kein geborener Jude war. Ziehen wir all dies in Betracht, kann Lukas zur Lebzeit Marias in Jerusalem einfach kein Porträt von ihr gemalt haben, wie es in allen Legenden zu den so genannten Lukas-Ikonen heißt. Nicht, weil Jesus „Sohn Gottes" war, wie Paulus bald sagen würde, sondern weil beide, die Mutter wie der Sohn, nach jüdischer Lehre damals – wie alle Menschen! – als Ebenbilder Gottes galten. Die durften auf gar keinen Fall porträtiert werden. Das war unmöglich!

Dritter Mann

Lukas, Detail des Reliefs auf dem Sarkophag des Evangelisten
in der Giustina-Kathedrale in Padua

Das Evangelium dieses Lukas aber ist in jeder Hinsicht einzigartig. Kein Evangelist sonst berichtet und erzählt so viel wie er von Maria, weder Markus, noch Matthäus oder Johannes. Seine Gebeine ruhen in der Giustina-Kathedrale in Padua, wo wir bei früheren Besuchen immer nur die rund dreihundert Meter entfernt liegende Basilika des heiligen Antonius aufgesucht haben und vor Jahren einmal die Cappella degli Scrovegni, die Meister Giotto di Bondone bis zum Jahr 1305 mit Fresken verschiedener Szenen zum Leben Jesu und seiner Mutter ausmalte.

Im August 2020 machten wir uns deshalb noch einmal nach Padua auf, um dort den Sarkophag mit den Gebeinen des Lukas in Augenschein zu nehmen. Denn in den Monaten davor hatte ich den Bestseller Emanuel Carrères aus Paris gelesen, in dem er versucht, Lukas nicht theologisch, sondern wie einen Schriftstellerkollegen zu porträtieren. Das war originell, oft witzig, manchmal auch aberwitzig.

Nun aber vorne links in dem großen Seitenschiff der Basilika mit dem Rosenkranz in der Hand zu sitzen, zusammen mit Ellen, meiner Frau, war etwas ganz anderes. Wir waren allein vor dem Sarkophag, in dem Teile jenes Skeletts des Lukas mit den Knöchelchen jener Finger liegen sollen, die Grundlagentexte des christlichen Glaubens geschrieben haben. Der Sarkophag ist ein freistehender großer Schrein aus verschiedenfarbigem Marmor auf vier Säulen und einer Extrasäule in der Mitte aus vier dicht an dicht und Rücken an Rücken stehenden Engeln. Aus drei schwarzen Fensterrahmen schauten uns von der Vorderseite drei elfenbeinfarbene Marmorreliefs an. Links ein Engel mit zwei Kerzen, als wäre er ein Ministrant am Altar. In der Mitte ein anderer Engel, der mit leichtem Lächeln ein Weihrauchfass schwingt. Rechts setzt ein geflügelter Stier seinen linken Vorderhuf auf einen Codex.

Die Stiergestalt ist das Wappentier des Evangelisten Lukas, neben dem Löwen für Markus, dem Menschen für Matthäus und dem Adler für Johannes. Das Bild stammt aus einer Vision, nach der es der Prophet Hesekiel im babylonischen Exil des verschleppten Volkes Israel im 6. Jahrhundert vor Christus als eins der vier Gesichter eines göttlichen Lebewesens aufgezeichnet hat. Irenäus von Lyon hat von diesen vier Gesichtern das Bild des Stiers im 2. Jahrhundert dem Lukas zugeordnet, weil er sein Evangelium mit dem Hohepriester Zacharias beginnt, der am Tempel von Jerusalem für die Schlachtung und Verbrennung der Opfer-Stiere verantwortlich war, die dem Allerhöchsten auf dem Tempelvorhof als Ganzopfer dargebracht wurden. Danach blieb der Stier Lukas‘ Markenzeichen.

Und nun hörten wir hinter uns die Benediktiner der Basilika in ihrer Vesper das „Magnificat" singen. Das ist das Gotteslob der schwangeren Gottesmutter, als sie ihre schwangere Cousine Elisabeth besucht: „Meine Seele preist die Größe des Herrn, / und mein Geist jubelt über Gott, meinen Retter. / Denn auf die Niedrigkeit seiner Magd hat er geschaut. Siehe, von nun an preisen mich selig alle Geschlechter. / Denn der Mächtige hat Großes an mir getan, und sein Name ist heilig. / Er erbarmt sich von Geschlecht zu Geschlecht über alle, die ihn fürchten. / Er vollbringt mit seinem Arm machtvolle Taten: Er zerstreut, die im Herzen voll Hochmut sind. / Er stürzt die Mächtigen vom Thron und erhöht die Niedrigen..."

Der Text sei „gleichsam ein Porträt der Seele Mariens“, schrieb Papst Benedikt XVI. im Jahr 2009 in seiner ersten Enzyklika, und „ganz gewoben aus Fäden der Heiligen Schrift, aus den Fäden von Gottes Wort. Sie redet und denkt mit dem Wort Gottes“, von dem sie durchdrungen war. Und es ist die längste wörtliche Rede Marias, die wir in der ganzen Bibel lesen können. Doch aufgezeichnet wurden diese Worte von Lukas, mit jenen Fingern, deren Knöchelchen zehn Meter vor uns in dem Dunkel des Sarkophags ruhen sollten.

Ähnlich war es beim freudenreichen Rosenkranz, den wir hier beteten. Alle fünf Geheimnisse, die wir dabei betrachteten: die Verkündigung der Einnistung eines göttlichen Embryos im Leib Mariens durch den Engel, der Besuch Elisabeths bei Maria, die Geburt Jesu in Bethlehem, seine „Aufopferung“ vierzig Tage später im Tempel von Jerusalem, und die Erzählung, wie der Kleine mit zwölf Jahren im Trubel der jährlichen Pilgerreise verlorengeht und erst nach drei Tagen von den panischen Eltern wiedergefunden wird; all diese Erzählungen und ihre Betrachtung verdanken wir Lukas. Dabei ist er der einzige Evangelist, der Jesus – wie der Völkerapostel Paulus – nie persönlich kennen gelernt oder auch nur gesehen hat, wie er es selber im Prolog seines Evangeliums einräumt.

„Der Evangelist Lukas gehört zu den einflussreichsten Schriftstellern aller Zeiten“, wusste ich dazu aus einer bestens recherchierten Weihnachtsgeschichte meines jüngeren Kollegen Lucas Wiegelmann aus Berlin, wo er auch schrieb: „Aber so gewaltig das Vermächtnis seines Werkes ist – den Menschen, der hinter den Texten steckt, scheint die Zeit verschluckt zu haben. Seit der Aufklärung haben sich die alten Wundergeschichten über ihn in Luft aufgelöst, und ohne sie ist von der Person Lukas kaum noch etwas übrig. Hieß er überhaupt Lukas? Heute können sich die Gelehrten nicht einmal mehr auf seinen wahren Namen einigen. Vorsichtige sprechen nur noch vom ‚dritten Evangelisten', weil sein Evangelium in der kanonischen Reihenfolge der vier Evangelien an dritter Stelle steht. Lukas ist zum dritten Mann geworden, von dem niemand weiß, wo er lebte und woher er die Informationen für seine Aufzeichnungen bezog. Doch alles, was unsere Vorstellung von Weihnachten prägt, stammt aus dem Lukasevangelium, die anderen drei Evangelisten wussten von alldem nichts. – Von Weihnachten bliebe nicht viel mehr übrig als die Weisen aus dem Morgenland, von denen das Matthäusevangelium berichtet. Die Himmelfahrt und zentrale Ostertexte wie die Geschichte der Emmausjünger sind nur von Lukas überliefert." Das stimmt, muss ich hinzufügen, und auch die „brennenden Herzen" der Emmausjünger kennen wir nur von Lukas. Dazu das Pfingstwunder, wo er das Bild der Feuerzungen über Maria und den Aposteln beschrieben hat wie ein Maler. Dennoch habe diese Person, so Lucas Wiegelmann weiter über seinen Namenspatron und einen der wichtigsten Gründungsväter des Christentums, noch nie so viele Rätsel aufgegeben. Und jetzt saßen wir vor dem Sarkophag „dieser Person", mit den Perlen des Rosenkranzes zwischen den Fingern und musterten den Raum dahinter und um uns herum.

In einem Codex der Biblioteca Ambrosiana in Mailand heißt es in dem Bericht eines Augenzeugen, im Jahr 1177 sei auf dem Friedhof neben dem Kloster Santa Giustina eine bleierne Truhe entdeckt worden ohne Inschrift oder Namensnennung, nur mit drei eingeritzten Stierköpfen auf dem Deckel – und dass sie liebliche Düfte verströmt habe. Danach habe der Abt Domenico gemeinsam mit Bischof Gerardo von Padua Papst Alexander III. in Ferrara aufgesucht, damit der Pontifex offiziell bescheinige, dass es sich bei den Gebeinen um die des heiligen Lukas handele. Knapp 200 Jahre später schufen Benediktinermönche dann diesen Sarkophag aus Marmor, in den sie den 600 Kilo schweren Bleisarg hineinlegten. Das war im Jahr 1313. Vierzig Jahre später bat Kaiser Karl IV. aus Prag die Benediktiner um den Schädel des Lukas, um ihn als Kronreliquie in den neuen Veitsdom zu überführen, den er seit 1344 als Krönungskathedrale über der Moldau errichten ließ, für die damals neue Hauptstadt seines Kaiserreichs.

Dass Lukas nicht nur Evangelist, sondern auch Arzt war, wurde in der Christenheit von Generation zu Generation überliefert, seit Paulus am Ende seines Briefes an die Kolosser auch von „dem Arzt Lukas" grüßen lässt, „unserem lieben Freund", bevor das Schreiben mit den Worten endet, „ich, Paulus, habe diesen Brief eigenhändig geschrieben". Und in seinem zweiten Brief an Timotheus schreibt Paulus, all seine Gefährten hätten ihn im Stich gelassen. „Nur Lukas ist noch bei mir."

Sein Evangelium und seine Apostelgeschichte machen zusammen rund ein Viertel aller Texte des gesamten Neuen Testaments aus, alle Briefe eingeschlossen. Manche Hinweise legen nahe, dass er wohl aus Philippi stammte, wo er sich offenkundig aus eigener Anschauung auskannte. Philippi war die älteste christliche Gemeindegründung Europas im Osten Mazedoniens. Von der Topografie Jerusalems oder Bethlehems hingegen hatte Lukas eher vage Vorstellungen, heißt es.

Lag dieser Mann nun aber wirklich in diesem Marmorsarkophag vor unseren Augen? Das Skelett in seinem Innern stammt sicher aus dem 1. Jahrhundert. Am 17. September 1998 wurde der Schrein im Auftrag des Erzbischofs von Padua für eine interdisziplinäre Untersuchung unter Professor Vito Terribile Wiel Marin geöffnet. Denn der orthodoxe Metropolit Hieronymos II. aus der Stadt Thiva in Griechenland, die in der Antike Theben hieß, hatte den Erzbischof im Jahr 1992 um eine Reliquie des heiligen Lukas gebeten, die er in das „heilige Grab des Evangelisten" nach Theben überführen wollte, wo es seit langem verehrt wird, obwohl dieses Grab leer war.

Deshalb hatte Paduas Erzbischof diesen Sarkophag untersuchen lassen. In seinem Innern fand sich in einer versiegelten Bleikiste ein nahezu komplettes männliches menschliches Skelett ohne Schädel in gutem Erhaltungszustand. Der Schädel aus dem Prager Veitsdom passte perfekt dazu, der für die Untersuchung eigens nach Padua eingeflogen worden war. Schädel und Skelett fügten sich auch mit ihrem DNA-Abgleich zu den nahezu vollständigen Gebeinen einer einzigen männlichen Person zusammen.

Dieser Mann war bei seinem Tod zwischen 70 und 85 Jahre alt und etwa 163 cm groß. Er litt an Knochenschwund und einem Lungenemphysem. Das waren in der Antike verbreitete Altherrenleiden, denen er am Schluss wohl erlegen ist. Nichts deutete auf einen gewaltsamen Tod hin. Er starb nicht als Märtyrer. Eine Untersuchung seiner Zähne und seines Schädels weisen auf eine syrische Herkunft hin. Die DNA dieses Mannes widersprach damit den Stimmen jener Wissenschaftler, die Lukas in Philippi beheimatet sehen wollen. Dieser Befund entsprach dafür der alten Überlieferung, nach der Lukas aus Antiochien stammen soll, dem heutigen Antakya in der levantinischen Türkei.

Nach Abschluss der Untersuchungen schenkte der Erzbischof von Padua im September 2000 dem Metropoliten Hieronymos II. jedenfalls den guten Teil einer Rippe, die sich neben dem Herzen des Toten befunden hatte, für das Grabmal des Evangelisten in der Lukas-Kirche in Theben, wo Lukas geruht haben soll, bis Kaiser Konstantius II. seine Gebeine am 3. März 357 in Konstantinopel in der Apostelkirche beisetzen ließ. Wie sie von dort nach Padua kamen, liegt im Dunkeln. In einem Seitenschiff der Basilika wird noch die vielfach vernietete Gitterkassette ausgestellt, in dem der

Bleisarg mit den Gebeinen an die Adria verschifft wurde. Doch wann? Wie? Warum? Keiner weiß es.

Noch undurchsichtiger ist, wie es kam, dass der Evangelist Lukas als Schutzpatron der Ärzte, Chirurgen und Kranken, der Metzger und des Viehs auch noch zum Patron der Malergilden des Abendlands wurde, die im Mittelalter in vielen Städten deshalb nur Lukasgilden genannt wurden. Für diese Ehre die Tatsache verantwortlich zu machen, dass Lukas der Evangelist sei, der in seinem Evangelium am meisten von Maria erzählt und damit ihr umfangreichstes literarisches Bild gemalt hat, überzeugt nicht. Ein Maler ist ein Maler, ein Schreiber ein Schreiber.

Doch halt! In der Welt der Orthodoxie werden Ikonen „geschrieben", wie es da heißt, und nicht gemalt, auch wenn sie in der Geisteswelt des Westens seit Jahrhunderten kaum noch ein Theologe oder sonst jemand zu lesen versteht. In der Basilika der heiligen Justina in Padua wird deshalb auch wie selbstverständlich eine Marienikone aus Konstantinopel verehrt, die dem heiligen Lukas zugeschrieben wird. Im Jahr 1960 wurde sie aufwendig restauriert. Dabei wurde ihre Herkunft aus dem 12. Jahrhundert festgestellt, mehr als tausend Jahre nach dem Tod des Evangelisten.

Gleichgültig, dass das von ihm aufgezeichnete Evangelium und seine Apostelgeschichte zu den prominentesten Zeugnissen der Weltliteratur und die von ihm gemalte oder geschriebene Ikone der Gottesmutter zu den großen verschollenen Urbildern der Kunstgeschichte zählen, für moderne Theologen gilt der dritte Mann inzwischen kaum mehr als ein Phantom.

Und dennoch. Ausgerechnet der nichtjüdische Lukas aus Antiochia ist derjenige Evangelist, der seinen Bericht vom Leben und Sterben Jesu und von dessen Auferstehung von den Toten und seiner Himmelfahrt wie einen jüdischen Tempelgottesdienst in Jerusalem strukturiert und aufbaut, wie es der Theologe Dieter Böhler aus Frankfurt dargelegt hat. Denn gleich zu Beginn seines Evangeliums schildert Lukas, wie der Hohepriester Zacharias im Jerusalemer Tempel vom Erzengel Gabriel mit Stummheit geschlagen wird, als er sich darauf vorbereitete, dem wartenden Volk Israel im Vorhof vom Allerheiligsten des Tempels den Segen Gottes zu spenden, wie es sein Tempeldienst vorsah. Stumm war Zacharias deshalb geworden, weil er der Prophezeiung des Erzengels nicht glauben mochte, dass seine Frau Elisabeth noch im hohen Alter einen Sohn gebären würde. Deshalb konnte er seinen Tempelgottesdienst nicht vollenden und das Volk Gottes nicht mehr segnen. Seine Frau Elisabeth war eine Cousine Marias, der Mutter Jesu, die Elisabeth besuchen würde, als sie schon im sechsten Monat schwanger war.

Nach dieser Eingangsepisode erzählt Lukas dann die ganze Geschichte vom Wirken und Schicksal Jesu von Nazareth als das Leben des Messias wie das eines endzeitlichen Hohenpriesters weiter, wo die letzten Worte lauten: „Dann führte Jesus sie hinaus in die Nähe von Betanien. Dort erhob er seine Hände und segnete sie. Und es geschah, während er sie segnete, verließ er sie und wurde zum Himmel emporgehoben. Sie aber fielen vor ihm nieder. Dann kehrten sie in großer Freude nach Jerusalem zurück. Und sie waren immer im Tempel und priesen Gott."

In diesem Evangelium vollendet Jesus also am Ende selbst mit seinem Leben die abgebrochene Liturgie des Zacharias im größeren Rahmen jenes Gottesdienstes, in den Lukas nun auch das Geheimnis des Messias hinein verwebt.

Lukas war ein Genie, soviel ist klar.

Heller Berg

Ikone der Muttergottes von Tschenstochau in der Basilika
von Jasna Gora in Polen

Zurück aus Padua, stolperten wir in Rom an der Via del Corso in die Kirche Santa Maria in Lata. Papst Alexander VII., dem wir auch Berninis Petersplatz mit seinen Kolonnaden verdanken, hat das Gotteshaus zu Ehren der Unbefleckten Empfängnis der Gottesmutter im Jahr 1661 errichten lassen. Rechts vom Eingang führt ein Treppenhaus zur Krypta hinunter. Davor heißt es auf einer verwitterten Marmortafel in lateinisch: „ORATORIUM DES APOSTELS PAULUS, DES EVANGELISTEN LUKAS UND DES MARTYRERS MARZIAL". Da unten befindet sich also das Haus des Lukas in Rom, wo der Evangelist auch Petrus und Paulus empfangen und wo Paulus einige seiner Briefe geschrieben hat. So legt es auch unten im Keller ein Marmorrelief nahe, das Petrus, Paulus und Lukas vertraut beieinander zeigt. Wie sicher sei das denn, fragen wir die Dame an der Kasse. Nun, ließ sie uns wissen, das erzählten sich die Römer seit Jahrhunderten. Und sie habe gehört, dass da unten auch das Taufbecken stand, in dem der Apostel Paulus die ersten Römer getauft habe. War der rätselhafte Lukas mit Paulus also auch in Rom zusammen? Wir riefen Professor Stefan Heid dazu an, der sich im römischen Untergrund auskennt wie kaum sonst ein Gelehrter. „Was können Sie mir dazu sagen?", fragte ich den Chef-Archäologen des christlichen Rom, „was hat es mit der Verlässlichkeit der Auskunft auf sich, dass es sich bei den Ausgrabungen unter der Kirche S. Maria in Lata am Corso um ‚das Haus des Lukas in

Rom‘ handle?“ Die Antwort des Gelehrten bestand aus zwei Worten: „Freie Legende.“

Ohne jede Legende ist die Kirche über der Krypta jedoch sicherlich ein Gesamtkunstwerk des Barock in Rom, wo über dem Hauptaltar das Bild einer „Madonna Avvocata“ thront, das dem heiligen Lukas zugeschrieben wird. Sie schaut den Betrachter geradewegs an und zeigt mit beiden Händen übereinander nach links aus dem Bild heraus. Maria ist hier umhüllt in ein sogenanntes Maphorion, wie der Schleier oder Schal aus feinstem Gewebe genannt wird, in den Maria auf alten „lebendigen“ Ikonen ihr Haupthaar hüllt. Alle soll Lukas gemalt haben. Gemalt hat das Gnadenbild in der Kirche Santa Maria in Lata in Rom aber ein gewisser Petrus Pictor um das Jahr 1120. Und lebendig sah es überhaupt nicht aus.

Das kann ich beurteilen, weil wir ein erstes lebendiges Bild schon im Jahr 1979 kennengelernt haben. Das kam so. Im Oktober 1978 war Karol Wojtyla aus Krakau in Polen zum Papst gewählt worden. Wir schauten damals kein Fernsehen und hörten kein Radio, sondern mehr oder weniger nur Bob Dylan vom Plattenspieler. Meine Mutter hatte mich schließlich am Telefon erreicht und von der Wahl unterrichtet. Die Nachricht elektrisierte mich von der ersten Sekunde an. Im nächsten März sollte meine Frau nach unseren drei ersten Söhnen mit einem vierten niederkommen, den wir bald schon Johannes Paul nennen wollten. Dann entschieden wir uns aber doch für den Namen Maria Magdalena, nachdem unsere Hebamme gerufen hatte: „Es ist eine Dame!“

Einen Monat zuvor hatte ich auf wunderbare Weise eine erste Arbeitsstelle in der wohl seltsamsten Redaktion Deutschlands in Frankfurt am Main gefunden, und in unserem Schlafzimmer, wo meine Frau unsere erste Tochter zur Welt brachte, hing eine Postkarte mit dem dunklen Antlitz der Muttergottes von Tschenstochau in einem goldenen kleinen Stuckrahmen an der Wand neben unserem Bett. Der neue Papst, der dieses Gnadenbild seit seiner Kindheit verehrte, hatte es mit seiner Wahl in der ganzen Welt bekannt gemacht und den Glauben an große Wunder in die Welt zurückgebracht. Als er im Juni 1979 als erster Papst in seine Heimat im Ostblock und nach Tschenstochau reiste, beschlossen wir, ihm im Herbst nachzureisen. Für Karol Wojtyla war es ein Triumphzug gewesen. Für uns wurde es die erste wahre Pilgerreise, an die ich mich erinnern kann. Zu danken und zu bitten gab es genug.

Die DDR-Grenzer trauten ihren Augen kaum, als sie unseren rostigen VW musterten, mit dem wir uns durch den eisernen Vorhang aufmachten, der damals noch gar nicht rostete. Wir waren nicht reich, aber frei, als wir von Berlin weiter nach Frankfurt an der Oder und Breslau und Kattowitz nach Tschenstochau und Krakau reisten, um unsere kleine Mia mit ihrem gehörlosen Bruder Jakob, der gerade drei war, in Tschenstochau der Muttergottes zu überantworten. Die beiden älteren Söhne ließen wir dafür bei meinem Freund Bernie und seiner Evelyne in einem Häuschen in Jugenheim im Odenwald. Alles war abenteuerlich und noch nie vorher erprobt. In Berlin waren wir davor auch noch nie gewesen. Deutschland war geteilt, Europa war geteilt, die Welt war geteilt, in der letzten gefährlichen Phase des Kalten Krieges.

Der Osten war daher für uns unbekannter als die Rückseite des Mondes. Die Landkarten Frankreichs, Spaniens und Italiens hatte ich damals mehr oder weniger auswendig im Kopf, von Polen hingegen keine Ahnung. Es erschien uns wie ein riesiges Land Mordor, allerdings von einer Art Hobbits bevölkert, von ungeheuer freundlichen Menschen in einem Ruinenfeld zerfallender Altbauten. Neid auf unseren verbeulten VW kam nirgends auf, nur Staunen, auch darüber, dass meine Ellen als Pilotin am Steuer saß und ich als Lotse mit Landkarten auf dem Beifahrersitz. Ruß war die Patina der Städte und Dörfer, die wir durchquerten. Die Landstraßen folgten noch jeder topografischen Gegebenheit und jedem Hügel hinauf und wieder herab. Nichts war begradigt. Und überall und jederzeit konnte uns plötzlich ein Ochsenkarren auf der Fernstraße ausbremsen. Störche begleiteten uns. Erstmals ein Land ohne die Signalfarben der westlichen Werbung in Plakaten und Neon zu erleben, war ein Kulturschock. Wir frühstückten geschmorte Hühnerleber und Pilze zu heißem Wasser, in das Kaffee hinein gerührt worden war. Der Schmutz war wie ein dicker Film, der das Land quasi im Zustand von vor dem Weltkrieg konservierte, als warte es nur darauf, gesäubert und wach geküsst zu werden. Wir sprachen kein Wort polnisch, aber sprachen katholisch, was die Verständigung leicht machte, gerade mit dem neuen Papst, der gemeinsam mit der Gewerkschaft Solidarność den Geist der Freiheit in Polen entfacht hatte, in einem riskanten Spiel mit dem übermächtigen Nachbarn – der alten Sowjetunion.

Für uns aber war leicht zu erkennen, in allem Ruin gab es ein Leuchten in dem Land, das war die Kirche und das war jedes einzelne Gotteshaus, die alle besser gepflegt waren als jede Mietskaserne. Diese Empfindung steigerte sich, bis wir endlich in Jasna Gora ankamen, auf dem „hellen Berg“ von Tschenstochau. Und hier wird meine Erinnerung plötzlich zu einem alten Traum, in den ich mühsam versuche, einzudringen. Mitten in der Nachkriegs-Tristesse der herunter gewirtschafteten Volksrepublik taucht da vor uns plötzlich ein barocker Klosterkomplex auf, wie er in Bayern nicht vollkommener und prächtiger hätte erscheinen können. Kein Körnchen Staub, das nicht wegpoliert worden wäre. Alles funkelte und atmete Schönheit und Gepflegtheit. Es war der ultimative Kontrast zu allen Städten und Landschaften des Ostblocks, durch die wir zuvor auf unserem Weg hierhin gefahren waren. Und nun standen wir plötzlich mit unserem Jakob und unserer Mia gerade vor und unter der Ikone der Schwarzen Madonna, zu der uns eine Postkarte aus Mias Geburtszimmer hingeführt hatte, und konnten unsere Augen nicht von ihr lösen. Ihr Blick bannte uns. Keiner störte uns. Uns? Ich erinnere mich an eine leere Kirche. Meine Frau hingegen erinnert sich an eine Menschenmenge vor der Ikone. Dann werden sie auch polnisch gebetet haben, wahrscheinlich den Rosenkranz. In meiner Erinnerung waren wir so gut wie allein davor (was eher unwahrscheinlich ist) und es war ganz still. Ellen sieht uns vor einem Gitter stehen, durch das wir hindurchschauen. Für mich war nichts dazwischen. Ellen sagt, das Bild habe sie nicht sonderlich beeindruckt. Es sei ihr nur lebendig vorgekommen und dass sie uns gleichsam wie „durch ein Fenster" anschaute. Mein überragender Eindruck war nur: diese Ikone lebt.

Und dann? Wir waren getauft und verheiratet, aber wussten hier eigentlich nicht, was zu tun war. Haben wir gebetet? Ellen sagt, nein, auch nicht heimlich. Ich weiß es nicht. Wahrscheinlich hab' ich zumindest ein leises Vaterunser und Avemaria vor mich hingedacht und in mich hinein geflüstert. Auf keinen Fall haben wir es zusammen und laut getan. Das hatten wir noch nie gemacht. Wir hätten uns damals beim Beten wohl voreinander geschämt. So war es. Wir hatten die Worte der Gebete nicht vergessen. Fünf Jahre zuvor hatten wir begonnen, sonntags wieder in die Kirche zu gehen. Knapp neun Monate vorher hatte ich in einer Art Wunder ohne jede Ausbildung eine Anstellung als Redakteur bei „Pardon" gefunden, dem antikatholischsten Magazin der alten Bundesrepublik, und war sehr froh darüber.

Wie und auf welche Weise wir also Jakob und Mia damals der Gottesmutter anempfohlen haben, weiß ich nicht. Natürlich geschah kein Wunder, Jakob blieb gehörlos und wir fuhren mit ihm und unserer kleinen Mia und allen Sorgen eines jungen Elternpaares zurück nach Offenbach am Main. Ich weiß nur noch, wie wir am Schluss unsere Zlotys, die wir nicht mehr ausgegeben bekamen und nicht ausführen durften, in einen Opferstock stopften. Und erinnere mich an das Empfinden danach, in Krakau und Prag mitten im Sowjetimperium praktisch einem Stück unversehrten Abendlands begegnet zu sein. Und weiß, dass ich auf unserer Rückfahrt über Brünn nach Bayern und Hessen auf dem Beifahrersitz die starke Erinnerung mitnahm, erstmals in meinem Leben einem lebendigen Bild begegnet zu sein. Auf ähnlich rätselhafte Weise begegnete ich genau ein Jahr später – am 17. November 1980 – mit Jakob an der Hand Papst Johannes Paul II. in Fulda, wo er uns beide mitten im Trubel seines ersten Deutschlandbesuches persönlich segnete. Johannes Paul der Große höchstpersönlich war es, der uns auf diese Spur gesetzt hatte.

Über die erste Empfindung legte sich im Lauf der Zeit vieles andere, was ich später über die Ikone der schwarzen Madonna vom Hellen Berg in Tschenstochau hörte. Natürlich stamme sie vom Evangelisten Lukas, las ich oft, als älteste Ikone Marias weltweit. Nirgendwo stand, sie sei ein lebendiges Bild. Im letzten Herbst haben wir die Ikone deshalb noch einmal aufgesucht, die das National-Heiligtum Polens ist. Sie ist einfach ergreifend schön.

Im Kloster Jasna Góra befindet sie sich seit sechs Jahrhunderten. Sie ist 122,2 mal 82,2 Zentimeter groß und mit Tempera auf eine 3,5 cm dicke Holztafel gemalt. Es ist wohl Lindenholz, obgleich eine der vielen Legenden wissen will, der heilige Lukas habe sie auf einer Tafel aus Zypressenholz gemalt, vom Tisch der Heiligen Familie, den der heilige Joseph, der Bräutigam Marias, in Nazareth selbst gezimmert hatte. Anderswo heißt es, die Tafel stamme aus dem Tisch des letzten Abendmahls. Maria hat hier jedenfalls ihren Sohn Jesus auf dem Schoß, auf den sie mit ihrer Rechten hinweist.

Deshalb zählt die Ikone zu jenem uralten Bildtypus, dessen griechischer Ehrentitel „Hodegetria“ oder *Hodighitria*, lautet. Das heißt: die Wegweisende. In dem Begriff steckt das altgriechische Wort „hodós“ für „Weg“, womit ihr Sohn Jesus gemeint ist, der von sich selbst nach dem Evangelisten Johannes sagte: „Ich bin der Weg, die Wahrheit und das Leben.“ Und da sitzt dieser „Weg“ nun auf dem Schoß der Mutter wie auf einem Thron! Es gibt gute Gründe, dass diese Darstellung seit dem Konzil von Ephesus im Jahr 431 verbindlich wurde, wo als katholische Lehre festgehalten wurde, dass Maria nicht nur einen hübschen begabten kleinen Sohn, sondern eben Gott selbst geboren hatte. Sie sei also die „theotokos“, die Gottesgebärerin. Das heißt: kein Mensch war je so intim mit Gott wie Maria. Neun Monate lang war sie mit dem Schöpfer des Himmels und der Erde schwanger gegangen. Diese Behauptung ist eine Zumutung an jeden Verstand. Doch das ist seit dem Jahr 431 Lehre und Glaube der Christenheit. Auf jeden Fall entstand dieses Bildmotiv der Madonna vor dem großen Bilderstreit in der orthodoxen Welt, der vom Jahr 726 bis zum Jahr 843 dauerte, und hat sich von Konstantinopel durch die Jahrhunderte über die ganze Welt verbreitet, nicht nur nach Griechenland und Ägypten und Russland, sondern bis nach China und Äthiopien – und natürlich auch nach Italien.

Das Gnadenbild der „schwarzen Madonna“ von Tschenstochau soll die Kaiserinmutter Helena im Jahr 326 ihrem Sohn Konstantin in Konstantinopel geschenkt haben. Im 14. Jahrhundert kam es von da zuerst als Mitgift einer byzantinischen Prinzessin nach Osteuropa und von dort in das Kloster ungarischer Pauliner-Mönche vom „hellen Berg“.

Bevor König Johann II. Kasimir die Ikone der dunklen Frau im Jahr 1556 zur Königin Polens krönte, wurde das

Kloster am 14. April 1430 von Hussiten überfallen und die Ikone schwer beschädigt. Die Plünderer rissen das Bild vom Altar, rissen die Bernsteine, Perlen und Rubine aus dem Rahmen, schlugen der Madonna mit dem Schwert ins Gesicht und warfen die Tafel auf den Boden, wo sie in drei Teile zerbrach, was damals als Katastrophe galt. Unverzüglich wurde sie deshalb an den Königshof nach Krakau gebracht, wo die besten Restauratoren des Landes sich an ihrer Rettung versuchten. Doch es gelang nicht. Die Experten hatten versucht, die Ikone mit Tempera-Farben auszubessern, bis sie entdeckten, dass sie mit heißen und kostspieligen Bienenwachsfarben in antiker „enkaustischer" Technik gemalt worden war, bei der die Farbstoffe mit flüssigem Wachs gemischt werden. Deshalb wurde das Wachs entfernt und die Ikone der lebendigen Madonna mit Temperamalerei wieder hergestellt, das billigeres Eiweiß, Eigelb und Öl verwendet. So gelang es, die Wunden der Schwerthiebe zu beseitigen, nicht aber die Narben.

Bleibende Bilder

Postkarte mit dem Mumienporträt einer ägyptischen Dame aus dem 1. Jahrhundert im Nationalen Archäologischen Museum in Florenz

Völlig unverletzte Ikonen in Wachsfarben wie im Urgrund der schwarzen Madonna aus Tschenstochau, die allerdings niemals eine Restaurierung nötig hatten, lernte ich erstmals rund sieben Jahre später kennen. Doch zuerst einmal verlor ich kurz nach unserer Pilgerreise zur Königin Polens meinen schönen neuen Job als Redakteur, trat eine Stelle als Referendar in der Frankfurter Schillerschule an und schrieb mir nachts und nebenher als freier Journalist die Finger für die Zeitung wund, weil ich mir sicher war, eines Tages würde ich noch einmal mit einem so genannten „scoop" die Welt erobern, so wie Sir Henry V. Morton, der 1923 in Ägypten als erster von der Entdeckung vom Grab des Pharaos Tutanchamun durch Howard Carter für den „Daily Express" berichtet und damit auch seinen Namen in der ganzen Welt bekannt gemacht hatte.

Und ich hatte Glück. 1982 lernte ich in Frankfurt am Main Professor Dr. Norbert Lohfink kennen, einen hochgelehrten Theologen, der Sumerisch und Chaldäisch verstand und Keilschriften lesen konnte und der mir von einem sagenhaften Projekt erzählte, das noch keiner entdeckt habe. Ich traf ihn, als er gerade für seine Studenten die Schriften des Alten Testaments in „Sankt Georgen" auslegte. Das ist die Elite-Universität der Jesuiten in Frankfurt, wo Jorge Bergoglio aus Buenos Aires vier Jahre später beginnen sollte, sich mit 50 Jahren in die Schätze zu vertiefen, die Romano Guardini der Christenheit hinterlassen hat. Mir aber berichtete der freundliche Stargelehrte von Schülern Romano Guardinis, die ein messianisches El Dorado mitten in Deutschland gegründet hätten, wo die Evangelien von Theologen verschiedener Konfessionen auf dem modernsten Stand der Bibelwissenschaft und der Humanwissenschaften endlich in ihrer Bedeutung für die Zukunft des Christentums angemessen entziffert und verstanden werden könnten. In dieser „Integrierten Gemeinde", wie sie sich nannten, würden biblische Verheißungen real, in einer wahrhaft revolutionären katholisch-messianischen Alternative. Ein ehemaliges Mitglied der „Weißen Rose" gehöre zu den Gründergestalten dieser Gemeinde der Zukunft, und Walther Raphael Cohen, ein junger Jude, der den Talmud und die Kirchenväter halb auswendig kannte. Bischöfe aus aller Welt gäben sich in diesem Projekt als Lernende und Staunende die Klinke in die Hand, prominenteste Kardinäle ebenso, allen voran Joseph Ratzinger, den meine Mutter hoch verehrte. Sein Name funkelte wie das Licht der Venus über dem Projekt – wie der Abend- und Morgenstern. Hohepriester und Schriftgelehrte schmückten das Experiment. Es schien die Verwirklichung der Visionen des Himmlischen Jerusalem mitten auf der Erde, dessen Bilder mich verzaubert hatten, seit ich als Gymnasiast im Aachener Münster Karls des Großen hatte ministrieren dürfen. Professor Lohfink war der erste Mensch, den ich kennen lernte, der einen PC hatte und zu bedienen wusste, als ich noch all meine Artikel mit Durchschlagpapier auf der Schreibmaschine tippte, um zumindest eine Kopie des Originals abheften zu können. „Ich will, dass die Kirche wieder strahlt", sagte er bei einem unserer ersten Treffen in Frankfurt. Das wollte ich auch. Die Kirche meiner Mutter, die Kirche meines Vaters, die Europa einmal in den schönsten aller Kontinente verwandelt hatte; sie sollte so strahlen, wie ich sie in meiner Mutter noch hatte strahlen sehen. Norbert Lohfink war Mitarbeiter der neuen Einheitsübersetzung der Bibel, durch und durch zuverlässig. Glaubwürdigere Zeugen muss man lange suchen.

So fuhr ich nach München und fand, dass er in allem recht hatte, was er mir erzählt hatte. Das schrieb ich umgehend in einer großen Reportage auf, über diese neue Form der katholischen Kirche auf der Höhe der Zeit! Diese Gemeinde leuchtete. Sie war Licht. Doch mein erster Bericht über die Jahrtausendentdeckung wurde von Maria Frisè, der Chefredakteurin für die Tiefdruckbeilage der Samstagsausgabe der Frankfurter Allgemeinen Zeitung, kühl abgelehnt. So etwas gebe es nicht, egal, was ich da von verschiedenen Professoren in Erfahrung gebracht haben wollte, beschied sie mir. Aber ich hatte doch alles mit eigenen Augen gesehen! Sie blieb bei ihrer Ablehnung und stürzte mich in eine Lebenskrise. Ich kündigte in der Schule, kündigte auch meine freie Mitarbeit in der Redaktion, und zog bald mit meiner Familie nach München, um dieses Pionierprojekt mit Haut und Haaren durch einen Selbstversuch zu ergänzen. Ich war noch keine 40, als ich mit meiner Familie in München ankam.

Kurz danach drückte mir ein Mitglied dieser Zukunfts-Gemeinde einen Bildband aus dem Jahr 1961 mit alten Ikonen in die Hand, in dem eine Hilde Zaloscer aus Wien über so genannte Mumienporträts aus den ersten drei Jahrhunderten nach Christus berichtete. Sie sollten beweisen, dass man mit der Integrierten Gemeinde faktisch einem uralten Masterplan folgte, der schon im frühen Ägypten nachzuweisen war. In der Fachliteratur waren die rätselhaften Bilder seit langem bekannt. Später fand ich gelehrte Aufsätze aus den 20er und 30er Jahren dazu. Doch Hilde Zaloscer schrieb verständlich und machte die Mumienporträts mit märchenhaften Abbildungen erstmals einem großen fachfremden Publikum bekannt.

Es wäre die ideale Reportage für das FAZ-Magazin gewesen. Doch ich winkte innerlich ab. Keine Reportagen mehr – keine Jagd mehr nach schalem Journalistenruhm! Ich wollte doch gerade ein vollkommen neues Leben beginnen. Stattdessen begab ich mich mit meiner Frau auf eine Abschiedsreise von diesem alten Leben. Da fiel uns vor dem Dom von Florenz eine Postkarte in die Hand, mit einem ägyptischen Mumienporträt aus dem Nationalen Archäologischen Museum in der Via Colonna. Mir war nach Weinen zumute vor der Schönheit dieser brunnentiefen Augen – und in der Wehmut, keinen Bericht mehr darüber schreiben zu können. Als wir spät am Abend nach München zurückkamen, lag Post von Thomas Schröder in meinem Briefkasten, dem Chef des FAZ-Magazins, der mir eine Redakteurstelle als Reporter anbot, doch mit Sitz in München, ohne Präsenzpflicht in seiner Redaktion. Ich müsse dazu nicht mehr nach Frankfurt zurück. Dazu konnte ich nicht mehr nein sagen.

Als Debüt für diese neue Existenz bot ich meinem neuen Chef deshalb gleich einen Bericht über die alten Mumienporträts an, über einen Besuch bei der alten Dame in Wien, die diese Bilder Jahrzehnte zuvor bekannt gemacht hatte. Er sagte sofort zu. Ich hatte schon Jahre lang ohne Vertrag für meinen neuen Chef geschrieben, von Honorar zu Honorar. Doch mein Bericht über die Mumienporträts als angestellter Redakteur war gleichsam das Eintrittsbillett in mein neues Leben und er liest sich heute noch ganz und gar als eine Reportage aus dem letzten Jahrhundert, wie er am 23. September 1988 auf 13 Seiten im Magazin der Frankfurter Allgemeinen Zeitung erschienen ist, mit zehn großformatigen Bildtafeln, die den Artikel damals schmückten, und großen Anzeigen für ein Möbelhaus, einen Herrenschneider, feinste Wäsche, teure Armbanduhren und Urlaubsziele in Mexiko und der Schweiz. Einen längeren Bericht – mit 4.769 Wörtern! – habe ich später wohl kaum mehr in einer Zeitschrift veröffentlichen können. Er erschien, was mich nachträglich staunen lässt, am 20. Todestag von Pater Pio di Pietrelcina, einem unserer späteren Lieblingsheiligen, den wir damals überhaupt noch nicht auf dem Radar hatten. In meinem Typoskript hatte ich den Artikel „Verklärte der Aufklärung" genannt. Für den Druck wurde er in der Redaktion dann in „Porträts aus dem Sand der Wüste" umbenannt.

Hilde Zaloscer war doppelt so alt wie ich, als ich sie in ihrer Etagenwohnung im Zehnten Bezirk Wiens kennenlernte, und wir verstanden uns fast blind, obwohl es viel zu sehen gab. Ihre kleine Wohnung war vollgestopft mit Büchern, dazwischen eine Ikone, in den Regalen ein kleines antikes Väschen und ein paar ausgegrabene Öllämpchen, daneben ein koptischer Wandteppich. An einem Türpfosten eine hölzerne hellenistische Totenmaske: ein lächelnder Frauenkopf, der in der trockenen Luft der Wüste mehrmals gesprungen war. „Na, so lange ich lebe, wird er wohl noch halten", seufzte sie, „und dann – to hell with it!" Sie mischte oft englische und französische Sätze unter ihren Redefluss, verstand Russisch und konnte Spanisch lesen.

Die Stöße der vielen Fotos zu ihrem Buch steckten immer noch in großen braunen Kuverts mit arabischen Beschriftungen in einem Schrank hinter dem Bett. Ihre alten Dias der Bilder waren längst rotstichig und unbrauchbar geworden. Nach der ersten Auflage waren die Klischees verloren gegangen. So wurde das Buch nie wieder aufgelegt. In ihrer Korrespondenz mit über siebzig Museen auf der Welt hatte sie mehr Porto verbraucht, als sie mit der Veröffentlichung dieses Buches je verdiente. Schon am Telefon hatte sie es kaum für möglich gehalten, dass sich daran noch jemals jemand erinnern sollte. Ein letztes gerettetes Klischee schenkte sie mir zum Abschied, bevor ich sie zu einem nahen Lokal einlud, wo der beste „Tafelspitz" Wiens zubereitet würde, wie sie mir versicherte. Das glaubte ich ihr gern, als wir zu Tisch saßen, wo uns das Lieblingsgericht Kaiser Franz Josephs serviert wurde, unter dessen Regentschaft sie im Jahr 1903 in Tuzla in Bosnien-Herzegowina geboren wurde.

Aus ihrem Buch hatte ich gelernt, dass die Mumienporträts, die sie in Ägypten kennengelernt hatte, allesamt aus den ersten vier Jahrhunderten nach Christus stammen. Alle haben in etwa das Format eines drei Handbreit hohen Spiegels auf Holztafeln – aus Akazie, Linde, Zeder oder Zypresse –, auf die uns in Gesichtshöhe die Porträts von Verstorbenen anblicken, die in den Bindenwickelverband von Mumienhüllen eingelassen waren. Hinter jedem dieser Bilder ruhte ein menschlicher Kopf. Für lauter „Könige" hielt sie anfangs ein Autor unter dem Gelächter der Fachgelehrten. Andere hielten sie schlicht für Fälschungen, weil sie so neu wirkten. Etwa die Hälfte von ihnen wurde enkaustisch gemalt, das heißt in der verloren gegangenen Wachstechnik der Ikonen des Sinai-Klosters. Mit dem Staatskirchenedikt unter Kaiser Theodosius aus dem Jahre 392 n.Chr., das jeglichen Ahnenkult streng verbot, riss die Reihe dieser Bilder plötzlich ab, nachdem ihre Qualität schon vorher deutlich nachgelassen hatte. Ihr goldener Hintergrund begegnet uns später in Ikonen wieder. „Als Faustregel lässt sich sagen: Je älter diese Porträts sind, desto eindrucksvoller sind sie. Die schönsten stammen aus dem 1. Jahrhundert nach Christus", sagte mir Hilde Zaloscer.

Die rund 800 Bilder aus Fayum seien die einzigen Zeugnisse dieser Gattung, die in Ägypten durch ihre Fassung und Verwendung etwas bahnbrechend Neues signalisierten. Denn hier ersetzen sie ja nach einer vieltausendjährigen – und damals noch anhaltenden – Geschichte erstmals die dreidimensionalen Totenmasken durch zweidimensionale Bilder. Aus dem Zentrum des ungeheuren Totenkults der Nilkultur sähen uns hier erstmals lebendige Menschen an. Die Totenmasken wurden durch die Erscheinung Lebender ersetzt. Gold galt nach dem alten Glauben der Ägypter als „Fleisch der Götter“, das den Pharaonen Unsterblichkeit verleihen sollte. Nun aber tauchte Gold plötzlich auf vielen Ikonen aus Fayum als Hintergrund der Porträts auf, quasi wie ein Schatten des Paradieses, in das die Verstorbenen nach ihrem neuen Glauben eingetreten waren. Die alte Bilderwelt Ägyptens sei also hier in ihrer Mitte in ihr Gegenteil umgekippt. Das aber, schloss Frau Zaloscer, sei nicht denkbar gewesen ohne einen Quantensprung in der Religionsgeschichte, genauer, durch die überaus rasche Christianisierung der ägyptischen Provinz des Römischen Weltreichs. Die Existenz bedeutender jüdischer Gemeinden in den acht Städten dieser zwölfsprachigen griechischen Kolonie der Oase Fayum sei gut verbürgt und ab dem ersten Jahrhundert seien diese Gemeinden, wie überall rings um das Mittelmeer, der Mutterboden für eine schnelle Ausbreitung des Christentums gewesen. Im zweiten Jahrhundert war Arsinoe, die Hauptstadt der Oase, schon der Sitz von drei Bischöfen. Das älteste Mariengebet stammt aus Ägypten und der älteste Papyrustext der Zehn Gebote. Er wurde in der Oase Fayum gefunden.

Deshalb seien die Mumienporträts ohne diesen Hintergrund nicht denkbar. Denn die alten Totenmasken hatten vorher ja als Wohnung der Seelen Verstorbener gegolten, die ohne diese Hüllen verloren waren. Es musste also etwas Bedeutendes geschehen sein, folgerte sie, dass diese Mumienbilder hier auf einmal die älteren Mumienmasken ersetzten, in diesem fast unerklärlichen Abstraktionssprung vom dreidimensionalen Abbild zu zweidimensionalen Bildern. In der Wendung der Dargestellten zu uns erkannte die „durch und durch agnostische Jüdin“, wie sie sich selbst sah und bezeichnete, eine unvergleichliche „revolutio“ der Kunst, so neu und unschuldig wie Kinderbilder. Waren die dreidimensionalen Masken im alten ägyptischen Glauben notwendig als Wohnungen des „Ka", wie die Seelen der Verstorbenen dort hießen, so zeigt der Wechsel zu den zweidimensionalen Bildtafeln, dass – nach einer wohl neuen Religion! – damit solche Wohnungen nicht mehr nötig waren. Diese Veränderung in der Begräbniskultur Ägyptens deutet damit tatsächlich auf nichts weniger als eine Revolution hin. Das rätselhafte „Du und Du" und „Aug in Aug" dieser Porträts sei eine erste „Offenbarung durch das Bild", wie der Osten sie bis heute kenne. Diese neuen Gesichter seien der Schrift verwandt.

Frau Zaloscer war nicht die erste, die diese Bilder religionsgeschichtlich deutete. Sie tat es jedoch am schöpferischsten und brach mit ihrem Buch als erste weit aus der Welt der reinen Fachliteratur aus. Wissenschaftliche Apparate standen ihr in Kairo in Ägypten nicht zur Verfügung, wo sie das Buch schrieb. Ihr Bericht über die „Porträts aus dem Wüstensand" wurde zum am meisten besprochenen Buch des Jahres 1961. Den Packen der begeisterten Rezensionen hatte sie all die Jahre aufbewahrt und gab ihn mir zusammen mit den Artikeln ihrer ersten bitteren Kritiker, die ihr ein Leben lang treu geblieben waren. Denn wie bei jeder Glaubensgemeinschaft gibt es ja auch in der Wissenschaft immer Neid und Missgunst und Päpste und Ketzer.

Von Klaus Parlasca, einem späteren Papst dieser Konfession, hatte ich beispielsweise von dem „unangenehmen, femininen Sentiment" erfahren, das ihm bei Hilde Zaloscer beim Studium dieser Bilder aufgestoßen sei. Für ihn war sie ganz klar eine Häretikerin, kaum eine Kollegin. Ihre Arbeit sei „oberflächlich und mit haltlosen Hypothesen belastet", und ihre „phantastischen Interpretationen und absurden und haltlosen Theorien" entbehrten „jeglicher Glaubwürdigkeit". Kurzum, ihre Forschungen seien „nur von geringem Wert." In einem fünf Jahre später erschienenen Werk schien es sich dieser Gelehrte zur Lebensaufgabe gemacht zu haben, gegen ihre These vom Christentum als Bedingung dieser neuen Zuwendung zu den Toten das genaue Gegenteil beweisen zu wollen. Es sei völlig klar, dass die Mumienbilder im Osirisglauben wurzelten.

So blieb Frau Zaloscer in Afrika einsam mit ihrer Entdeckung, dass hier auf ganz besondere Weise weniger wichtig war, was in diesen Bildern gesagt wurde, sondern wo und wie es gesagt wurde. Plötzlich wurde in zweidimensionalen Bildern dieser ersten Christen Ägyptens und ihrer Toten gedacht und nicht mehr in dreidimensionalen Masken, wie wir sie von den Pharaonen kennen. Diesen unerklärlichen Wechsel des Ausdrucks erklärte sie mit der Inbesitznahme des Landes durch jene neue Religion des Lebens und der Hoffnung, von einem Gott, der Mensch geworden war, mit einem menschlichen Gesicht, der den Tod mit seinem eigenen Leib überwunden hatte.

Sie lachte herzlich beim Mittagessen, wo sie mir ohne Bitternis von ihrem oft auch bitteren Leben erzählte. Dreimal war sie im Exil, in Ägypten, Kanada und Österreich. Das Vielvölkerreich, in dem sie geboren war, existierte schon seit 1918 nicht mehr und hatte sie danach überall zu einer Fremden gemacht. Ihr Mann starb knapp drei Jahre nach ihrer Hochzeit im spanischen Bürgerkrieg. Mit vier falschen Pässen musste sich die junge Witwe danach durchs Leben schlagen, in einem lebenslangen „Ritt über den Bodensee". Schon in ihrer Jugend trampte sie mit nichts als einem Handtäschchen auf einem Lastwagen von Beirut nach Damaskus, nach Baalbek. „Ich war nur naiv und blöd, aber Gott, war Baalbek schön!", bis dann in den dreißiger Jahren „Hitler mich zur Jüdin gemacht" hat, wie sie sagte. Dessen Feldmarschall Rommel verdankte sie später jedoch „Gefühle der absoluten Seligkeit" – wenn sie nach dem Bombenalarm und dem Abzug seiner deutschen Luftwaffengeschwader über dem Himmel Alexandrias mit ihrer Freundin hinaus durch die blütenduftschweren Nächte streifte. „Gott, war das schön", seufzte sie ein ums andere Mal, „der Mond und diese Stille, diese unwirkliche Stille. In der Wüste haben wir dort immer nur *geflüstert!*" Nach Ägypten habe es sie damals „verschlagen", und von dort musste sie in Israels Sechstagekrieg wieder „um ihr Leben laufen". Doch noch immer leide sie in Europa an der Enge und in Wien an den erstickenden Geistern der Vergangenheit und würde manchmal „verrückt vor Heimweh nach der Weite der Wüste." – „Intensität" sei das Stichwort ihres Lebens gewesen, der zentrale Begriff der expressionistischen Generation und nun sitze sie über die Niederschrift ihrer Biographie gebeugt – mit einem „Raben auf der Schulter, der ständig krähe: Never more!"

Hilde Zaloscer habe ich danach nie wieder gesehen noch gesprochen noch geschrieben noch die Biographie dieser Dame gelesen, die auch eine Poetin war, und erschrak, als ich im Dezember 1999 plötzlich einen Nachruf auf sie las. Sie war 96 Jahre alt geworden.

Hans Belting, der große deutsche Kunsthistoriker, hat ihrer Deutung später im Grunde recht gegeben, als er 1990 in seinem Standardwerk „Bild und Kult: Eine Geschichte des Bildes vor dem Zeitalter der Kunst" ihre Faszination für diese Holztafeln aus Ägypten teilt, in denen er die „wichtigste Wurzel der Heiligenikone" erkennt. Und was ist auch plausibler als Hilde Zaloscers These, dass nur der Wechsel zum Glauben der Christenheit in Ägypten diesen revolutionären Wechsel in der Welt der bildlichen Darstellung erzeugen konnte?! Das erscheint mir auch heute noch überaus überzeugend.

Dennoch haben ihre vielen Gegner über sie gesiegt, vor allem ihr jüngerer Intimfeind, der Archäologe Prof. Dr. Klaus Parlasca (der im April 2020 mit 95 Jahren starb). Zehn Jahre nach meinem Bericht für das FAZ-Magazin organisierte er eine großangelegte Ausstellung von Fayum-Bildern in London und Frankfurt, wo der Name Zaloscer nirgends mehr fiel. Da war immer nur von Parlasca die Rede und noch einmal von Parlasca, der die Deutungshoheit über diese geheimnisvollen Porträts vollständig errungen und an sich gezogen hatte, später auch in den lexikalischen Auskünften des Internets. Da hat er ganze Arbeit geleistet. Selbst im Wikipedia-Artikel zu Hilde Zaloscer sind ihre bahnbrechenden Ausführungen zu dieser Kunst vor dem Zeitalter der Kunst gelöscht. Ihr Name ist getilgt, wo von Fayum-Bildern die Rede ist.

Nach unserer Begegnung in Wien aber habe ich Fayum-Bilder in Museen auf der ganzen Welt aufgesucht, wo ich sie nur finden konnte, natürlich in München, aber auch in Berlin, Wien, Frankfurt, Paris, Florenz, New York, London, Rom. Überall musste ich an Hilde Zaloscer denken. Könnte sie sich aber vorstellen, hätte ich sie später gern noch gefragt, dass all diese Tafeln vielleicht in einem einzigen Bild ihren Ursprung haben? Was hätte sie schon antworten können?

Andere Antworten sind einfacher. Das christliche El Dorado, zu dem ich mich 1986 nach dem Vorbild des Patriarchen Abraham aus Ur in Chaldäa mit meiner ganzen Familie von Offenbach nach München aufgemacht habe, hat sich später als eine theologische Fata Morgana erwiesen, und ich musste Frau Frisé in der Redaktion der alten Frankfurter Zeitung im Nachhinein dankbar Recht geben, egal, was ich gesehen hatte. Ich hatte zu vieles nicht gesehen. Es war eine hellglänzende Akademiker- und Professoren-Sekte, wo Professor Lohfink von einer ganzen Reihe anderer Magnifizenzen eingerahmt wurde, von denen einer gelehrter als der nächste war. Es war ein herzblutbetriebenes Labor der Sekundärtugenden neu-essenischer Söhne und Töchter des Lichts und der Vernunft, das viele blendete. Zu Fall kam das theologische Experiment Jahrzehnte später jedoch vor allem deshalb, weil Lebenslügen wie der vorgebliche Ursprung aus der „Weißen Rose" neben zahllosen Halbwahrheiten und ordinärer Unwahrheit im Gemäuer dieses schriftgelehrten Eliteprojekts steckten wie Schwamm in einer morschen Mauer. Um diese Mutterlüge herum war es ein Imperium der Worte und eine Fabrik von Briefen, Texten und Schriften, deren kritische Lektüre auch klar macht, dass es ein völliger Schmarren war, dass der arme Walther Raphael Cohen jemals zu den Gründergestalten dieses Zunkunftsprojekts zählte. Alles längst vorbei und vergangen, die Schriften geschreddert, die Container für die Nachwelt hätten füllen können.

Nur die Bilder sind nicht vorbei. „Parole volano, immagini rimangono", heißt es in Italien: Worte fliegen, Bilder bleiben! Das kann ich bezeugen. Die Mumien-Porträts der ersten Christen Ägyptens bleiben. Und nachhaltiger als alle Vorlesungen und Seminare dieser Professoren-Gemeinde bleibt mir die Kopie einer Bildtafel der „Mariahilf"-Darstellung aus dem Innsbrucker Dom in Erinnerung, das in einem ihrer Häuser hing, wo Lucas Cranach Maria vor rund 500 Jahren mit langem Haar in blauen und roten Gewändern gemalt hatte mit einem splitterfasernackten, vielleicht einjährigen Jesuskind auf ihrem Schoß und in ihren Händen, beide von einem transparenten Schleier bedeckt. Es ist ein gemaltes Geheimnis und nie hätte ich damals gedacht, dass ich mein Leben einmal der Entzifferung seines Ursprungs widmen würde. Ich habe Maria danach nicht gesucht und nie bin ich ihr hinterhergejagt. Sie aber hatte nur einfach auf mich gewartet.

Großer Basar

Eine so genannte Lukas-Ikone auf Hirschleder aus dem
6. Jahrhundert im Markus-Haus in Jerusalem

Maria hatte geduldig in der Zeit auf mich gewartet, als wir uns in dieser Fata Morgana verirrt hatten. Schließlich hatte sie in Mexiko auf mich gewartet, wohin sie mich auf geheimnisvolle Weise im Sommer 1999 einlud, für eine große Reportage für das FAZ-Magazin über ihr himmlisches Selbstporträt aus dem Jahr 1531. Das ist das Bildnis Unserer Lieben Frau von Guadalupe ohne jede Grundierung auf unverwitterten groben Agavenfasern ohne Farben, das Menschenhände nicht gemalt haben können. Doch bevor ich mich in den Flieger setzte, wurde das Magazin eingestellt und ich gefeuert. So flog ich auf eigene Faust und Rechnung für diese Geschichte zu dem unvergleichlichen Gnadenbild.

Kaum war ich zurück in München, wurde mir aus heiterem Himmel mit 51 Jahren für das neue Jahr 2000 eine Anstellung als Korrespondent für DIE WELT in Jerusalem angeboten, wo wir für die nächsten zwei Jahre leben sollten. Im Lauf der zweiten Intifada aber wurde bald klar, dass ich mit meiner Frau nach Rom gehörte. Nach zwei Jahren mussten wir auf Wunsch meiner Chefredaktion weiter, von der Heiligen in die Ewige Stadt, wo Maria schon auf mich wartete.

Zunächst aber lebten wir in Jerusalem. Dort hatten wir in der deutschen Benediktiner-Abtei auf dem Zionsberg Pater Bernhard Maria Alter kennengelernt, einen polnischen „Ikonen-Schreiber", dessen Familie als einzige das Privileg hat, Kopien der schwarzen Madonna von Tschenstochau herzustellen. Und während in Israel und Palästina der nicht endende Krieg um das Heilige Land wütete, trafen wir Bernhard Maria und seine Mitbrüder viele Male morgens zum Gesang der Laudes oder abends zur Vesper in der Basilika der „Entschlafung Marias“, an dem Ort, wo die Gottesmutter ihr irdisches Leben beendet hatte. Gleich nebenan liegt der Raum des letzten Abendmahls Jesu mit seinen Aposteln am Tag vor seiner Kreuzigung. Die Abtei ist geschmückt mit vielen Ikonen, die Bernhard Maria selbst geschrieben hat. Im Untergeschoss der Krypta allerdings ruht in der Mitte eine Skulptur Marias aus Mahagoni und Elfenbein an ihrem Sterbeort auf einem Katafalk, umgeben von Mosaikdarstellungen der Jungfrau aus Mexiko und des Gnadenbildes „Salus Populi Romani“ aus der Basilika Santa Maria Maggiore in Rom – neben einer Kopie der Madonna aus Tschenstochau.

Diesen Ort nach nur zwei Jahren wieder zu verlassen, fiel mir schwer, obwohl wir in das schöne Rom umziehen sollten. Wir hatten unsere Wohnung aufgegeben, unsere Möbel waren schon in einem Container-Schiff unterwegs, als wir die letzten Wochen vor unserer Abreise in der Abtei selbst wohnten und Tag für Tag Jerusalem nach Orten durchstreiften, die wir noch nicht kannten oder von denen wir noch eigens Abschied nehmen wollten. So kamen wir am 10. Februar 2002 hinter dem armenischen Viertel in der Araratgasse Nr. 5 in das syrisch-orthodoxe Markuskloster der Chaldäer. Es wirkt nicht reich. Aramäisch aber ist immer noch die Sprache der Gemeinde, aus der eine Dame gerade einer amerikanischen Pilgerin mit geschlossenen Augen das Vaterunser in der Sprache des Herrn vorsang: „Abun d'Baschmayo“. Danach erklärte sie uns, dass es sich bei dem Kirchenraum im Keller um das sogenannte „Obergeschoss“ handle, wo Jesus mit seinen Aposteln das letzte Abendmahl geteilt hat. Auch die Fußwaschung Petri habe hier stattgefunden und die Wahl des Matthias zum 12. Apostel, als Ersatz für den Verräter Judas, der sich nach dem Kreuzestod Jesu erhängt hatte. Auch die Einsetzung der Diakone habe hier stattgefunden, wo Petrus nach seiner wunderbaren Befreiung aus dem Kerker Zuflucht gefunden habe. Denn hier habe der Apostelfürst in Jerusalem auch gewohnt. Dass sie mit diesem Anspruch nicht allein war in der Stadt, kümmerte sie wenig. Jerusalem ist nicht nur die „Stadt des großen Königs", wie der Evangelist Matthäus sie einmal nannte. Die Stadt ist auch ein großer Basar. Konkurrenz ist hier kein Fremdwort. Schließlich gebe es hier noch das Becken, fuhr sie fort, in dem Maria getauft wurde, und zwar von ihrem eigenen Sohn, (obwohl im Rest der Christenheit geglaubt wird, dass Maria durch ihre „unbefleckte Empfängnis" nie getauft werden musste) und die Ikone da hinten, die sie mit ihm auf dem Schoß zeige, wurde vom Evangelisten Lukas höchstpersönlich auf Hirschleder gemalt.

Doch keine Fotos, bitte! Fotografieren hätte auch nichts genutzt. Ungezählte Kerzen hatten die Ikone verrußt, und auch ihr Alter hatte sie fast pechschwarz eingedunkelt. Darauf leuchteten nur zwei vergoldete Silberrahmen um das Gesicht der Madonna und das ihres Sohnes, zwei Hände in dem gleichen Blech, die den Kleinen von links und rechts umfassen, und eine orientalische Halskette.

Sobald unsere Führerin in der Sakristei war, versuchte ich gegen ihr Verbot dennoch ein einziges Foto, erschrak aber vor dem Blitzlicht, das die Kameraautomatik in dem Dunkel ausgelöst hatte, ging auf den Hof und war entzückt, dass die fast unsichtbare Madonna auf dem kleinen Display durch den Blitz plötzlich in warmem Rehbraun aufleuchtete, viel plastischer als im Original. Noch beglückter war ich eine Stunde später in unserem Zimmer in der nahen Abtei, wo ich das Foto von der Kamera auf den Laptop lud. Auf dem Bildschirm gab sich die Ikone sogleich als seltenes Meisterwerk zu erkennen. Als leise sprechendes Geheimnis.

Ihr Kopf war leicht nach links gebeugt zu ihrem Sohn. Das Kind auf ihrem linken Oberschenkel saß aufrecht, die Pupillen seiner Augen waren nach rechts gewandert zu seiner schönen Mutter hin. Der Schwung ihrer makellosen Augenbrauen war im Gleichklang. Die schlanke Nase Marias war makellos. Ihre Lippen waren korallrot, geschlossen, schweigend. Ein dunkles Kopftuch hielt sie umhüllt, das ich zuerst für Haar gehalten hatte, mit goldenem Innenfutter, das sich an ihr Gesicht schmiegte. Die Ohren waren nicht zu sehen. In der unteren Gesichtshälfte und am Hals hatte sich die Farbe wie in verkrusteten Tränen über der Haut verdichtet, in noch dunklerem Braun, wie eine Krankheit, die nach Heilung rief. Welche Farbe war das? Öl? Unmöglich! Aber so sah es fast aus. Kajalstriche umrahmten ihre Augen, die in einer leichten Wendung mit unerhörter Wärme nach rechts aus dem Bild herausschauten. So blickte sie mich an. Sie ruhte, sie atmete. Die Darstellung war eine Offenbarung. Ein Traum. So nah war mir Maria seit Mexiko nicht mehr gekommen, und seit unserer Polenreise, 23 Jahre zuvor. Diese Ikone war so lebendig wie die schwarze Madonna in Tschenstochau, doch auf dem Bildschirm! In Jerusalem hatten wir solch ein Porträt noch nirgends gesehen und auch nirgendwo sonst.

Nur die Hand eines Meisters konnte sie geschaffen haben. Dass der Evangelist Lukas nach Christi Himmelfahrt Maria mit einem Kind auf dem Schoß gemalt haben soll, hätte mich eigentlich stutzig machen sollen. Dennoch sagte ich Pater Bernhard Maria kurz danach: „Schau mal, wir haben im Markushaus trotz des Verbots eine Ikone von Lukas fotografiert. Ist sie nicht besonders schön?!“

Der erfahrene Mönch musterte das Foto auf dem Bildschirm und lächelte maliziös: „Ach, vom Evangelisten höchstpersönlich. Wirklich sehr schön! Ich würde sagen: aus dem 6. Jahrhundert.“ Die verkrusteten ‚Tränen‘ im Antlitz der Madonna erklärte er damit, dass der Ei-Tempera-Farbe wohl zu viel Eidotter beigemischt war, der von dem

Schlussfirnis aus Leinöl über dem Kreidegrund nicht mehr so gebunden werden konnte, wie es hätte sein sollen. „Dieser Ikonenschreiber hatte es wohl zu gut gemeint mit einer Überdosis des kostbaren Dotters und die optimale Mischungsbalance der Farbe dadurch aus dem Auge verloren." Bernhard Maria kannte sich aus in diesen Geheimnissen und es war ihm fern, sich über die feste Überzeugung der Chaldäer Jerusalems lustig zu machen. Der Ikone bescheinigte er höchste Qualität und Seltenheit. Doch seines Wissens gebe es weltweit mindestens zwölf Ikonen, die seriös für sich die Handschrift des Evangelisten Lukas beanspruchten, wie etwa eine Ikone aus dem Domschatz in Freising.

Die Bildmutter all dieser Ikonen aber müssten wir – wenn wir jetzt nach Rom aufbrächen – dort in einem Kloster auf dem Monte Mario suchen, wo die wahre Ur-Ikone als ehrwürdigste und älteste von allen aufbewahrt werde. So wurde im Februar 2002 die syrische Madonna in Jerusalem zu einer wahren „Hodigetria" für uns, zu einer Wegweiserin zum ältesten Bild, das es von Maria gibt. „Gott segne Euch", sagte Bernhard Maria. „In Rom, der Stadt Mariens, werdet ihr sie finden."

Stadt Marias

Darstellung der Gottesmutter, die Papst Johannes Paul II. zusammen mit seinem Wappen am 7. Oktober1981 an einem Winkel des Apostolischen Palastes im Vatikan anbringen ließ, nachdem er am 13. Mai desselben Jahres unter diesem Erker auf dem Petersplatz von dem türkischen Rechtsextremisten Mehmet Ali Agca lebensgefährlich verwundet worden war

Rom aber ist zunächst einmal die Stadt der Apostel. Acht der zwölf engsten Freunde Jesu haben hier ihre letzte Ruhestätte gefunden und keiner in Jerusalem, angefangen mit Petrus (und Paulus, dem Jesus nur einmal, doch als Erscheinung, begegnet ist). Wen will da wundern, dass Rom auch die Stadt Marias ist, der Königin der Apostel, die kein Grab je halten konnte. Ihr Grab in Jerusalem ist so leer wie das Grab Jesu. Doch in Rom ist Maria dafür noch an jedem Winkel so gegenwärtig, dass der Vers Novalis' von hier stammen könnte: „Ich sehe dich in tausend Bildern, Maria, lieblich ausgedrückt, doch keins von allen kann dich schildern, wie meine Seele dich erblickt". Das ist Rom. Einerseits.

Andererseits helfen diesem poetischen „Blick der Seele" hier nicht nur herrliche Madonnen-Bilder aus der Frühzeit der Kirche, oder Meisterwerke in den großen Gotteshäusern und Museen, von Michelangelo bis zu Caravaggio, sondern auch noch zahllose „Madonnelle". Das sind die kleinen Madonnenbilder an zahlreichen Häuserecken Roms. Manche sind Kunstwerke, andere fast hilflose Liebeserklärungen.

1870 gab es davon noch 2739 in der Stadt. Heute mögen es 300 oder 200 sein. Keiner weiß es genau. Irgendwann habe ich aufgehört, sie zu zählen, weil sie mir überall in Rom begegneten: als Fresken, Mosaike, Figuren, Reliefs, in Marmor oder Terrakotta. Als Unbefleckte, als Aufgenommene, als Schmerzensreiche. Hier lächelt sie sanft, da durchbohren sie sieben Schwerter, als Trösterin der Betrübten, Labsal der Kranken und Trost der Römer. Mal steht sie über einem offenen Herzen, mal auf dem Mond, mal mit dem Kind im Arm, oder gegen den Schoß der eigenen Mutter Anna gelehnt. Eine Laterne oder ein Kerzenhalter ist fast immer davor angebracht, weil sie früher mit ihrem Licht den Passagieren Roms nachts den Weg ausleuchteten, wo sie heute noch tagsüber die Augen erfreuen, manche mit silbernen Herzen (die immer als Dank für eine Bekehrung angebracht wurden), manche mit Rosenkranz, fast immer mit Blumen, und immer mit einem Zauber. Und heute helfen die Madonnelle tagsüber allen, die sie noch suchen, mit der Übung weiter, den Kopf zu ihnen hoch in den Nacken zu heben. Die letzte Madonnella hat Papst Johannes Paul II. in Rom anbringen lassen, der mich Jahrzehnte zuvor mit seiner Liebe zur Gottesmutter angesteckt hatte. Das ist das Mosaik der MATER ECCLESIAE, der „Mutter der Kirche" hoch über dem Petersplatz, mit seinem Wappen und seinem lateinischen Wahlspruch: TOTUS TUUS – „Ganz Dein". Jedenfalls könnte man das schöne Rom als Hauptstadt der Madonna verstehen, und das trägt auch viel zur Schönheit der Stadt bei, als ein unzerstörtes lateinisches Mariupol, als Stadt Mariens, wo ihr Bild auch in jeder Kirche einen Ehrenplatz hat.

Als älteste Darstellung Marias überhaupt gilt hier seit dem Jahr 1858 jedoch ein unscheinbares kleines Fresko aus dem späten 2. Jahrhundert auf weißem Verputz im Fries einer gewölbten Decke in der Priscilla-Katakombe. Die prominente Grablege an der Via Salaria wurde im selben 2. Jahrhundert begründet. Mehrere der frühen Bischöfe Roms wurden hier bestattet, Papst Silvester inklusive, der Kaiser Konstantin an dessen Lebensabend taufte.

Die Identifizierung Marias in dem Fresko dieser Katakombe geht auf den italienischen Archäologen Giovanni Battista de Rossi zurück, der das Netzwerk der Katakomben Roms ab dem Jahr 1851 untersuchte und 1858 darüber eine Abhandlung mit dem Titel „La Roma sotterranea cristiana" (Das unterirdische christliche Rom) veröffentlichte, wo er zu diesem vorgeblichen Fresko Marias schrieb: „Das Gesicht der Mutter ist oval, ein wenig geneigt und sanftmütig. Die Augen sind geschlossen; die Nase, nach der Gewohnheit der Alten, gerade und voll; der Mund voller Majestät."

Die Beschreibung ist gewagt, um wenig zu sagen, ebenso die Charakterisierung, wenn wir sie mit dem eigenen Augenschein vergleichen. Da sehen wir im Halbdunkel der Katakombe ein Fresko an der Decke, von zwei Zierleisten gerahmt, insgesamt vielleicht zwei Meter lang und einen halben Meter breit. Darin die abgebröckelten Reliefs von zwei Hirten und Schafen inmitten der Zeichnung von zwei Lorbeerbüschen mit roten Beeren und rechts davon in ockerbraunen Pinselstrichen eine stillende Frau in einer Tunika, deren Säugling von der Mutter weg auf den Betrachter schaut, und links daneben eine stehende Figur, die mit dem Zeigefinger eines angewinkelten rechten Arms nach oben zu deuten scheint – in Richtung eines braunen zackigen Flecks zwischen den Beeren des Lorbeerbuschs über der Frauenfigur.

Man muss den eigenen Kopf allerdings schon recht verdrehen und in den Nacken legen, um das Ganze überhaupt wahrnehmen zu können. Denn im Verhältnis zu den aufrechten Figuren der Hirten ist dieses Figurenpaar im Uhrzeigersinn auf Viertel nach zwölf positioniert, mit den Köpfen nach innen. Die untere Hälfte dieser Darstellung zeigt deshalb nach rechts und ist defekt. Und was wir aus Büchern als ein Figurenensemble aus zwei Personen mit einem Säugling kennen, liegt im Original dieser Komposition gleichsam auf der Seite zur restlichen Bildgestalt, sehr fremd. Vergleichen wir den Augenschein des schadhaften Originals und seiner abgebröckelten Partien aber mit seiner gezeichneten Darstellung in dem Meisterwerk Hofrath von Lehners über „Die Marienverehrung in den ersten Jahrhunderten" aus dem Jahr 1886, müssen wir dem Umzeichner des Motivs in diesem Buch große Kunstfertigkeit und Phantasie bescheinigen und dass er sich die Freiheit nahm, die kleine Figurengruppe aufrecht darzustellen, während in Wirklichkeit dieses Bildgeschehen auf der Seite liegend von rechts her in das Geäst des Lorbeerbuschs hineinragt. Das Ganze ist in Wahrheit eine insgesamt bukolische Szene, in der das Pärchen fast so unvermittelt hineingeflogen kommt wie in einem Chagall-Gemälde, nur nicht so heiter.

Ehrlich gesagt, halte ich die Identifikation der Frau in dieser Konstellation als die angeblich erste Darstellung der Gottesmutter in Rom und weltweit für mehr als fragwürdig, gleichgültig welch hohen Rang Dottore de Rossi bis heute in der Archäologie genießt. Schauen wir es uns deshalb noch einmal genauer an. Im Umfang nimmt das berühmte Motiv kaum mehr als vielleicht zwei Handbreit ein und von der schemenhaften Figur links neben und unterhalb der Frau war de Rossi sich nicht sicher, ob damit wohl der Prophet Jesaia mit seiner Verheißung eines „hellen Lichts" gemeint war oder der Prophet Micha oder König David – oder aber der Moabiter Bileam, der Israel gegen seinen Willen segnete, statt dieses Volk zu verfluchen, das mit seinen Zelten aus der Wüste vom Osten her zur Zeit dieses Propheten an den Jordan kam. Denn es ist dieser Bileam, von dem es im 4. Buch Moses heißt, er sehe einen Stern über dem „Haus Jakob" aufgehen. Den braunen Fleck über der Frauenfigur deutete de Rossi deshalb als „Stern". Alles gewagt und spekulativ, wie gesagt, und sehr akademisch. Skepsis an dieser These sollte deshalb durchaus erlaubt sein, auch wenn sie schon lange kein Experte mehr formuliert. Denn seit gut 130 Jahren gilt diese Deutung als einhelliger Standard und wird seitdem von jedem Reiseführer, jedem Kunsthistoriker und jedem entsprechenden Lexikon wiederholt und nie angezweifelt. Deshalb wiederholen auch die neuesten Kanäle der künstlichen Intelligenz heute – wo ich diese Zeilen schreibe – nichts anderes.

Nur das jüdische Bilderverbot war unter den ersten Christen Roms offenkundig gebrochen, sehen wir hier. Das ist klar. Jerusalem war weit weg. Und wir sehen es noch deutlicher in anderen Darstellungen der Priscilla-Katakombe, wie in dem Fresko der berühmten Beterin mit erhobenen Händen und einer römischen Tunika in einer anderen Nische innerhalb dieses Labyrinths, knapp hundert Meter weiter.

Das kleine Fresko mit der angeblichen Maria allerdings hatte ich schon vor vier Jahrzehnten in dieser Katakombe aufgesucht, ohne nachhaltigen Eindruck oder dass es weitere Neugier erzeugt hätte. Das Bild hat aus sich selbst kein Geheimnis. Ihm haftet auch nichts von einem historischen oder spirituellen Durchbruch an. Doch damals herrschte hier in den Katakomben schon ein ebenso strenges Fotografierverbot wie heute. Damals wie heute lässt sich hier allerdings auch von jedem Laien widerspruchsfrei behaupten, dass es sich bei dieser Darstellung um eine recht kunstlose Angelegenheit handelt, verglichen zum Beispiel mit Fresken aus Villen in Pompeji oder Rom oder den imperialen Meisterwerken jener Tage, in denen die Größe der Cäsaren gepriesen wurde. Oder auch verglichen mit der Zeichnung jener Bisonherden, die prähistorische Maler nicht vor 2000, sondern schon vor rund 22.000 Jahren auf die Decken der Höhlen im nordspanischen Altamira gezaubert haben, die ich 1966 als Schüler noch mit eigenen Augen bewundern durfte.

In der Priscilla-Katakombe war kein Meister am Werk. Und noch eins darf hier behauptet werden. Sollte es sich bei diesem kleinen Fresko wirklich um die älteste römische Darstellung Marias handeln, heißt das nicht, dass die Stadt nicht noch ältere quasi mobile Darstellungen der Gottesmutter birgt, die woanders geschaffen wurden, bevor sie nach Rom kamen.

Vor unserer Ankunft aus Jerusalem und vor unserem Umzug hatten wir zum Beispiel auf Anraten eines alten Romkenners die Gottesmutter vor dem Gnadenbild „ihrer Milde" in der Basilika Santa Maria di Trastevere in entsprechender Not um eine geeignete Wohnung für uns angebettelt. Dieses Gotteshaus ist die älteste Marienkirche Roms, die auf der rechten Tiberseite im 3. Jahrhundert anstelle eines Freudenhauses entstand, wie ich gelesen hatte. Hier ist die „Madonna della Clemenza" zuhause. Diese große Ikone ist keinesfalls älter als das Katakombenbild, doch ungeheuer eindrucksvoll und von enormer Majestät. Sie ist als byzantinische „Basilissa" dargestellt. Das heißt, sie ist hier eine Herrscherin – und „mild" (also „clemens" auf Latein) wirkt sie überhaupt nicht. Sie sitzt vielmehr auf einem Prachtkissen, mit Jesus in einer Purpurtoga aufrecht auf ihrem Schoß, als sitze er auf einem Thron, Mutter und Sohn mit goldenem Nimbus, wie Fachleute den Heiligenschein nennen. Jesus mit gescheiteltem Haar, doch sie mit einer Perlenkrone und den Erzengeln Michael und Raphael hinter ihren Schultern. Es ist eine der größten Marienikonen Roms aus dem frühen Mittelalter, die entweder Papst Johannes III. (561 – 574) oder Papst Benedikt I. (574 – 579) in Auftrag gab – oder aber der „byzantinische Papst" Johannes VII., der von 705 bis 707 regierte und unter dessen kurzer Herrschaft auch das heilige Sudarium Christi von Konstantinopel nach Rom gelangte. Die Darstellung beeindruckt auch durch ihre fast mannshohen Ausmaße und den Zustand ihrer Zerstörung. Im Gewand der Madonna sind große Partien der originalen Wachsfarben abgeblättert und lassen dahinter die nackte Maserung des Holzes zutage treten. Im Antlitz der Herrscherin jedoch sahen wir hinter den abgeblätterten Farben die Struktur einer Leinwand, die über Holz gespannt war. Alles an ihr wirkt fremd.

Vor dieser uralten Darstellung bettelten wir die Himmelskönigin jedenfalls verzweifelt an und hatten gegen jede Wahrscheinlichkeit bald mit unwahrscheinlichem Glück eine Wohnung in der Via delle Grazie. Das heißt auf Deutsch: Straße der Gnaden. Vielleicht könnte man auch Straße der himmlischen Geschenke dazu sagen. Als Maria delle Grazie beispielsweise wird in Italien immer die stillende Maria dargestellt und das ist leicht zu verstehen. Muttermilch ist ja existentielle Gnade schlechthin, immer unverdient. Kein Säugling muss sich die Milch verdienen. Er bekommt sie einfach. Das ist Gnade. Ähnlich verhält es sich mit der Bar der Gnaden mit dem besten Cappuccino des Viertels, direkt unter meinem Fenster.

Herz des Pantheons

Detail der uralten Bildtafel einer Madonna mit Kind
aus der Sakristei des Pantheons

Ähnlich gnadenvoll war bald auch die Bekanntschaft mit Don Antonio Tedesco. Er war Leiter des deutschen Pilgerbüros, den wir rasch als einen unserer Führer in der Hauptstadt kennenlernten. Der alte Priester kannte Rom seit Jahrzehnten wie seine Westentasche. Im Pantheon aus dem Jahr 115 hatte er die Tradition begründet, dass Mitbürger seines Heimatdorfes hinter Salerno jedes Jahr nach Rom kamen, wo sie in den Bau dieses wohlbekannten Weltwunders zum Pfingstfest durch das „Himmelsauge" in der Höhe der Kuppel Säcke voller Rosenblüten entleerten und auf die Messbesucher herabregnen ließen, als seien es Feuerzungen. Es ist nicht der Heilige Geist, der da flimmernd aus dem Himmel kommt, aber dennoch wunderschön. Und hier fragte uns Don Antonio auch, ob er uns in diesem über 1700 Jahre alten Gotteshaus im Herzen Roms, wo der Malerfürst Raffael seine letzte Ruhe gefunden hat, in der Sakristei nicht auch die älteste Marienikone Roms zeigen könne. Sie sei das wahre Herz des Pantheons. Natürlich wollten wir das sehen. Gespannt folgten wir ihm in die Sakristei des Gotteshauses und in eine Kapelle, die ich kaum noch zu beschreiben wüsste, weil es auch schon so lange her ist. Es war ein unspektakulärer einfacher Raum, mit ein paar Kniebänken, davor ein kleiner Tisch und darauf in einem Plexiglas-Schrein die Holztafel der „ältesten Marienikone Roms", wie Don Antonio davor noch einmal wiederholte. Sprachen wir ein Ave Maria davor? Wahrscheinlich. Sicher habe ich keine Notizen von der Begegnung gemacht, sondern nur Foto-Notizen, wie immer, seit ich eine Digital-Kamera habe, in der neuen Bilderschrift des digitalen Zeitalters.

Darum kann ich sie aber jetzt auch mit zwei Klicks aus meinem Rechner fischen und neu betrachten, wie ich sie damals kaum angeschaut haben mag und mich an der Darstellung erfreuen. Die Ikone sieht sehr alt aus. Sie ist quasi nackt und ohne Firnis und lädiert und ohne jeden Schmuckrahmen. Auch hier ist die Farbe an vielen Stellen abgeblättert und lässt das Holz durchscheinen.

Maria hat ihren Sohn nicht auf dem Schoß, sondern auf dem linken Arm. Um ihr Gesicht hat sie etwas, das wie ein Turban aus aufgetürmtem kreisrundem Haupthaar wirkt, wo links und rechts der Ohren ein dunkler Schal mit weißen Streifen zu Tage tritt und da herum einen wagenradgroßen – ursprünglich wohl auch goldenen – Nimbus. Der Kleine ist vielleicht vier Jahre alt oder fünf und hat gar keinen Heiligenschein. Was man auf den ersten Blick dafür halten könnte, ist auf den zweiten Blick eine Frisur aus struwwelig-widerspenstig festem Haar. Eine Aura aus Humor umgibt die beiden und die Mutter vor allem Hoheit.

Schalk und Witz blicken aus den Augen des Gottessohnes, fast ein wenig Frechheit. Es ist eine faszinierende Darstellung. „Älteste Marienikone Roms“ hatte ich in meinem Ordner unter das Foto geschrieben, wo auch noch das Datum der Aufnahme festgehalten ist: 14. März 2004 und erst jetzt lese ich im weltweiten Netz, dass sie wohl aus dem 6. oder 7. Jahrhundert stammen soll.

Von der ersten aller Ikonen jedoch, die dem heiligen Lukas zugeschrieben wird, in einem Kloster auf dem Monte Mario, hatte Don Antonio noch nie gehört.

Labyrinth der Erinnerung

Recherchen auf dem Aventin-Hügel

Wir aber hatten unsere Sendung durch Pater Bernhard Maria auf dem Zionsberg nicht vergessen. Doch Rom und Italien kennenzulernen war Arbeit genug, allein Italienisch zu lernen. Keiner konnte uns sagen, wo das Kloster war, von dem er gesprochen hatte. Im digitalen Labyrinth meines Fotoarchivs finde ich aber jetzt noch zwanzig Fotos einer Lukas-Ikone aus dem Diözesan-Museum vom Domberg in Freising, die ich einen Monat später auf einer Deutschlandreise aufgenommen habe. Die Ikone ist dort das Herzstück eines Altars aus Gold und Silber und Edelsteinen zwischen den Figuren der Evangelisten Lukas und Johannes. Das Antlitz ist klein, die Ikone kaum größer als ein Blatt Papier. Hier hat sie ihren Sohn nicht dabei, sondern nur beide Hände nach oben über ihre linke Schulter erhoben, in einem dunkelblauen Umhang mit goldenen Borten und Zierleisten und Sternen. Beschädigungen lassen sich an der Ikone nicht feststellen. „Hoffnung der Hoffnungslosen" ist ihr Ehrentitel aus dem Jahr 1000. Sie kam als Geschenk des byzantinischen Kaisers Manuel II. nach Europa. Die Hautfarbe der Dame ist dunkler als das Rehbraun der Chaldäischen Madonna in Jerusalem. Sie kommt eher dem Ton der schwarzen Madonna in Tschenstochau nah, die Augen zu Spalten verengt, mit geranienroten Lippen. Dennoch kommt die Kunstfertigkeit des „Schreibers" dieser Ikone aus Freising in nichts derjenigen des Meisters aus dem Markushaus nahe.

In Rom aber hatten wir bis dahin schon so oft vergeblich nach der ältesten Lukas-Ikone der Welt gefragt, die sich auf dem Monte Mario befinden sollte, dass wir schon dachten, Pater Bernhard Maria habe sich vielleicht in dem Hügel geirrt, als der Dichter Martin Mosebach uns erzählte, er habe auf dem Gipfel des Aventin-Hügels in der altrömischen Basilika „Santi Bonifacio ed Alessio“ eine rätselhafte „Edessa-Ikone“ entdeckt, mit einer Madonna, deren Aura ihn außerordentlich berührt habe. Er schrieb auf dem Aventin in einer kleinen armenischen Pension gerade an einem neuen Buch, ich schrieb an dem Bericht meiner Reise zu dem Gnadenbild von Guadalupe in Mexiko, wovon wir uns gegenseitig erzählten. Wir sprachen auch über den Evangelisten Lukas und alle Ikonen Mariens, die ihm zugeschrieben wurden, und Martin Mosebach und seiner Kunst des präzisen Benennens verdanke ich aus diesen Gesprächen den grandiosen Begriff der „Bilddokumente“, die man in den Ikonen erkennen müsse. Und hatte er jetzt in der nahen Basilika vielleicht das sagenhafte Original entdeckt, nach dem wir suchten?

Die Stadt Edessa, das wussten wir damals schon, war Jahrhunderte lang eine Art Umschlagplatz wichtigster „Bilddokumente“ aus Jerusalem und dem jüdischen Kulturraum auf ihrem Weg in die Bilderwelt von Byzanz. Die *„Santa Sindone“* zum Beispiel, das heilige Leintuch aus Turin, war lange dort in der Stadtmauer versteckt, bevor es nach Konstantinopel verbracht wurde, zur vorletzten Station dieses geheimnisvollen „nicht-von-Menschenhand-geschaffenen“ Schatten eines Gekreuzigten auf seinem endgültigen Weg in den Westen, ebenso das heilige Schweißtuch, das „hagion soudarion“. Sollte jetzt auch noch die sagenhafte Lukas-Ikone in diesem wandernden Bilderschatz dabei gewesen sein?

Unter den sieben Hügeln Roms ist der Aventin neben dem kaiserlichen Palatin eine der prominentesten Anhöhen und wohl die schönste, wo die Basilika „Bonifacio ed

Alessio" seit dem 8. Jahrhundert bezeugt ist. Sie wurde auf dem Grundstück eines gewissen Alexius errichtet. Das war ein frühchristlicher Heiliger, der hier lebte, bevor er das Elternhaus verließ, um nach Edessa in das heutige Anatolien zu ziehen und dort als Einsiedler zu leben. Später sei er nach Rom zurückgekehrt und habe bis zu seinem Tod im Jahr 430 unerkannt als Bettler unter einer Treppe seines Elternhauses gelebt. Hatte er auch die Ikone mitgebracht, die hier jetzt eine Seitenkapelle im rechten Querhaus der Basilika schmückt?

Der Augenschein verriet es nicht. Die Haltung der Madonna glich der aus Freising. Kein Mensch kniete oder betete vor ihr in diesem prominenten alten Gotteshaus. Sie hatte kein Kind dabei, weder auf dem Schoß noch auf dem Arm. Sie zeigte nur nach links statt nach rechts und wandte sich uns erratisch zu, fast starr. Ihr Blick unergründlich. Martin Mosebach konnten wir sogleich verstehen, als wir erstmals vor ihr standen. Sie hatte leises Rouge auf den Wangen, im Ton ihrer Lippen, mit Schatten auf beiden Seiten ihrer Nase, als wäre das Gesicht von zwei Lichtquellen beschienen. Weiße Farbe lief zart aus dem linken Augenweiß der Mandelaugen herunter, konturierte die Oberlippe und mit einer winzigen Andeutung das Kinngrübchen. Beide Hände waren kunstlos, fast monochrom gemalt. Doch auch sie schaute aus ihrem purpurbraunen Maphorion wieder wie aus einem Fenster heraus, mit einem großen punzierten goldenen Nimbus, vor einem vollkommen goldenen Hintergrund. Golden war auch jede Borte und jeder Sternen-Schmuck ihres Gewandes. Eine mit schimmernden Edelsteinen besetzte große Brosche in dunklem Türkis hielt das Gewand unter ihrem Hals geschlossen und zusammen. Alles an ihr war fremd.

Ähnlich fremd war aber auch eine außerordentlich große Ikone in der Sakristei der Kirche Chiesa Santa Maria Nova, von der mir kurz danach die junge Gräfin Marie Czernin von Chudenitz versicherte, sie sei die älteste der alten Hauptstadt der Welt. Das hatte die fast immer atemlose Expertin aus dem alten Österreich, die uns damals in zahllose Schätze Roms einführte, von der Kunsthistorikerin Margherita Guarducci erfahren, die in ihrer Untersuchung der Übermalungen herausgefunden haben wollte, dass hier das Gesicht aus einer älteren Ikone eingefügt worden war, die wohl aus dem Osten stammte und überhaupt als älteste Marienikone der Stadt gelten müsse. Die Kirche wird auch Santa Francesca Romana al Palatino genannt, wobei hinzugefügt werden muss, dass in Rom eine Kirche mit dem Zusatz „nova" oder „nuova" immer gut und gern einige Jahrhunderte alt oder älter sein kann. Jedenfalls ist sie im Forum Romanum in einen alten Venus-Tempel hinein gebaut und nimmt unter Roms Gotteshäusern ebenfalls einen Ehrenplatz ein, weil unter dem Altar die heilige Francesca Romana als bekleidetes Skelett wie Schneewittchen in einem Glassarg liegt. Francesca gilt als dritte Stadtpatronin Roms, nach den Aposteln Petrus und Paulus und neben Philipp Neri. Die Bildtafel dieser „Madonna des Trostes" ist in der Sakristei zu sehen und wurde schon vor 1200 Jahren aus der erdbebengeschädigten Kirche „Santa Maria Antiqua" am Fuß des Palatin-Hügel hierhin ausgelagert.

Sie ist – zumindest in der Gesichtspartie – auch in jener „enkaustischen" Wachstechnik der frühen Christen Ägyptens ausgeführt, mit der mich Hilde Zaloscer in Wien bekanntgemacht hatte. Der unvergleichliche Schimmer der fleischfarbenen Wachsfarben fiel mir vielleicht zuerst auf, als sie mir unter die Augen kam, und ihre weit offenen Augen, mit riesigen schwarzen Pupillen, die fast die ganzen Augen füllten. Die Ikone war so riesig, dass sie die Behauptung Signora Guarduccis unwahrscheinlich machte, Papst Gregor der Große habe sie im Jahr 590 zur Bannung der Pest eigenhändig durch Rom getragen. Aber sie war auch enorm lädiert, wie wir sahen, sobald wir näherkamen. Da trat aus ihrem Gesicht an zahllosen Stellen das Gewebe der Leinwand auf eine Weise zutage, die nicht restaurierbar schien. Der Zustand ließ auf diverse Renovierungsversuche schließen, die der Ikone nicht gutgetan hatten. Der Kopf aber war von Anfang an unproportional dargestellt und viel zu lang. Sie war in einen schwarzen schmucklosen Umhang gehüllt, der um ihr Gesicht ein schwarzweiß gestreiftes Futter sichtbar werden ließ. Sie hielt Jesus in ihrem rechten Arm, mit einer fast abstrakten Segensgeste mit Zeige- und Mittelfinger. Seine Hand kam ihrer Hand entgegen, jedoch ohne jede kindliche Kontur. Das Gesicht des Sohnes war fast völlig zerstört. Auch hier trat die Leinwand allenthalben durch den antiken Farbauftrag hervor und ließ nur noch das linke Auge des Gottessohnes intakt erscheinen und einige weiße Streifen eines Tuchmusters auf seiner rechten Seite. Intakt war in der Ikone vor allem der goldene Hintergrund mit einem Rahmen aus eingeritzten Sternen. Kein Wunder, dass die Ikone lange in „Santa Maria Antiqua“ am Nordhang des Palatinhügels ihr Zuhause hatte. Das ist eine Kirchenruine aus dem 6. Jahrhundert mit einem überreichen Bildprogramm, das bis jetzt die Brückenfunktion deutlich macht, die Rom im ersten Jahrtausend nach Christus für die Bilderwelt des Ostens und des Westens hatte. Doch selbst in diesem Umfeld muss diese „Madonna des Trostes“ schon immer fremd und uralt erschienen sein.

La Romana

Bildnische in der Cappella Paolina der Basilika
Santa Maria Maggiore mit der populärsten Ikone Roms, die
als liebstes Bild von Papst Franziskus gilt

Viel vertrauter als die „Madonna des Trostes" ist allen Römern stattdessen seit Jahrhunderten die Ikone mit dem Ehrentitel „Maria la Romana" (Maria, die Römerin) oder „Salus Populi Romani" (Heil des römischen Volkes), die ich quasi nebenbei entdeckte, als ich in der Basilika „Santa Maria Maggiore" in der Cappella Sistina den gläsernen Sarkophag Pius V. aufsuchte.

Denn dieser Papst muss als der wahre Sieger der Seeschlacht von Lepanto in der Straße von Korinth vom 7. Oktober 1571 gelten, mit dem Sieg der Christen Europas über die weit überlegene Flotte der Osmanen. Pius V. hatte die christliche Verteidigungsallianz geschmiedet, und erhielt auch dafür in der größten Marienbasilika des Westens nach seinem Tod einen Ehrenplatz.

Gegenüber seiner Grablege in der Cappella Sistina vorne rechts in dem gewaltigen Gotteshaus aber ist hoch oben in der Cappella Paolina auf der linken Seite der Basilika eine Nische in der Rückwand zur Heimat des prominentesten Marienbildes ganz Roms geworden. Meine eigenen Fotos dieser Ikone sind allerdings recht unscharf, weil man ihr nicht richtig nahekommen kann, wo wir die Madonna fast klassisch im blauen Maphorion mit einem Stern über der Stirn sehen, ihren Blick in die Augen des Betrachters gerichtet und mit einem schon älteren Knaben mit segnender Rechten auf dem linken Arm. Sie ist wunderschön da oben. Das kann auch gar nicht anders sein. Denn ein prachtvollerer Rahmen als diese gesamte Kapelle aus dem Gold der

Azteken und Inka unter der Hand großer Künstler ist kaum vorstellbar. Im Grunde scheint dieses ganze Gotteshaus auf dem höchsten Hügel Roms der Rahmen für dieses Bild zu sein. Tatsächlich aber wurde Santa Maria Maggiore im 5. Jahrhundert über Resten der hölzernen Krippe Christi aus Bethlehem errichtet, die der heilige Hieronymus im 4. Jahrhundert nach Rom gebracht hatte. Es ist die älteste Marienbasilika der westlichen Christenheit. Dass der Evangelist Lukas die Ikone für die Cappella Paolina gemalt haben soll, verrät jeder Reiseführer. Vermutlich ist sie wie viele andere Ikonen im Laufe des 8. Jahrhunderts vor dem Bildersturm im byzantinischen Reich gerettet und aus dem Osten des alten römischen Weltreichs nach Italien gebracht worden.

Patriarch Germanos berichtete im 8. Jahrhundert zumindest davon, wie eine Marienikone in wunderbarer Weise auf dem Wasserweg von Konstantinopel nach Rom kam. Und heute weiß fast jeder, dass Papst Franziskus dieser Marienikone vor und nach jeder seiner großen Reisen seine Aufwartung macht. Spätestens hier erkennen wir, dass es in Rom wohl lange so etwas wie einen heiligen Wettstreit unter den Marienikonen der Stadt gab, welche unter ihnen eigentlich die älteste und vornehmste ist. Und dass es unter ihnen ein Urbild gibt, das womöglich von dem Evangelisten Lukas nach dem Tod Jesu gemalt wurde, noch zur Lebzeit seiner Mutter. Dieser Frage ließ sich bei allen Recherchen nach dem Bild der Bilder Marias nicht ausweichen, von der es mehr Bilder gibt als von jedem anderen Menschen.

Damit kommen wir zurück zu jenem „großen Tabu“, von dem am Anfang dieses Berichts schon die Rede war. Denn wie hätte es in dem strikten Bilderverbot der damals relativ hermetisch verschlossenen Welt des Judentums in der Spanne nach dem Tod ihres Sohnes im April 30 und ihrem eigenen Entschlafen jemals zu einem authentischen Abbild Marias aus Nazareth, der Mutter Jesu, kommen können?

Vatikanskaja

Walter Kardinal Kasper ehrt die Kasan-Ikone am 26. August 2003 mit Weihrauch im Petersdom, bevor er sie zwei Tage später im Auftrag Papst Johannes Paul II. zum russischen Patriarchen Alexius II. nach Moskau bringt.

Bevor wir uns endlich diese Schlüsselfrage stellten, waren wir noch weit von einer Antwort entfernt, hörten aber nicht auf, weiter nach dem ältesten Bild Mariens zu suchen, und schauten uns noch viele Ikonen Roms an. Marie Czernin wollte uns damals gerade dringend mit John Lindsay Opie (1928 – 2021) bekannt machen, der als führender Kenner der Ikonenkunst galt, um ihn nach dem Ort der wahren Lukas-Ikone in Rom zu befragen.

Doch aus diesem Besuch wurde nichts, weil Professor Opie damals gerade sehr um seine Expertise zur Kasan-Ikone eingebunden war, die seit über zehn Jahren im Arbeitszimmer Johannes Paul II hing. Diese Ikone war dem Papst 1993 in Fatima geschenkt worden, als dankbare Erinnerung an den vereitelten Mordanschlag des sowjetischen Geheimdienstes auf dem Petersplatz am 13. Mai 1981. Und jetzt wollte derselbe Papst dieses Gnadenbild dem russischen Patriarchen Alexius II. schenken. Der fromme Wunsch aber führte in Moskau nicht etwa zu einem Ausbruch an Dankbarkeit, sondern umgehend zu vielen diplomatischen und kirchenpolitischen Verwerfungen.

Denn die so genannte „Kasanskaja“ ist die Ikone Russlands schlechthin, mit einer großen eigenen Geschichte. Das erste Mal hatte ich im Jahr 1989 von ihr erfahren, in Leningrad, der Stadt, die schon längst wieder Sankt Petersburg heißt. Da war dieser Ikone ein eigener großer Dom gewidmet. Das war die Kasan-Kathedrale, deren Kolonnaden sie hoch oben im Norden an der Ostsee leicht als eine Art orthodoxe Rivalin des römischen Petersdoms erkennen lassen. Damals jedoch diente diese gewaltige Basilika noch als sowjetisches „Museum des Atheismus".

Und auch später im Jahr 2003 brachte der Metropolit Kyrill im Moskauer Patriarchat gegen die Rückgabe der Ikone zunächst noch angeblich sachliche Gründe vor. Bei dem Gnadenbild des ungeliebten Papstes aus dem noch weniger geliebten Polen handle es sich „nur um eine Kopie, die 200 Jahre jünger ist als das Original", ließ er den Vatikan wissen. Der Metropolit an der Seite des Patriarchen Alexius war wie Präsident Wladimir Putin ein ehemaliger KGB-Agent.

Karol Wojtyla ließ sich von ihrer Furcht nicht beeindrucken. Lange plante er, die Ikone persönlich nach Moskau zu bringen. Das lehnte der Patriarch strikt ab. 2004 bot der Papst dann an, die „Kasanskaja" der russischen Seite einfach ohne seine Beteiligung und nur noch bedingungslos überbringen zu lassen. Am 26. August wurde die dunkle Madonna deshalb noch einmal im Petersdom für die katholischen Gläubigen zur Verehrung ausgestellt, wo auch wir sie vor ihrem Abschied eine Stunde lang bestaunen durften. Viel von ihr zu sehen gab es nicht. Sie lehnte zwischen zwei Engelfiguren vor einem goldenen Tragealtar und war von einem prächtigen „Oklad" bedeckt, der nur einen Teil ihres Gesichts und das Köpfchen ihres Sohnes zur offenen Schau freigab. Zwei Tage später ließ der Papst die Ikone dann durch Kardinal Walter Kasper in einer spektakulären Reise nach Moskau bringen. Später berichtete er davon, dass der Papst im Zusammenhang der Übergabe in Moskau nicht einmal erwähnt werden durfte, als gläubige Russen die „Kasanskaja" schon längst in „Vatikanskaja" umgetauft hatten. In der Nacht vor der Übergabe nahm er sie in sein Schlafgemach mit und betete vor ihr inständig für den Frieden zwischen Rom und Moskau.

Wahres Bild

Eine der frühesten europäischen Abbildungen des „wahren Bildes" aus dem Westminster Psalter in London, um 1250

Spätestens im Sommer 2003 kam es dann zu Ereignissen, die meine Suche nach dem ältesten Bild Marias dramatisch unterbrachen und auf eine neue Ebene hoben. Wenn ich die Korrespondenz jener Tage durchforsche, wundere ich mich jetzt noch, wen ich damals alles bei meiner Suche um Hilfe bat. Aus Anlass des Filmes „The Passion" von Mel Gibson entspannen sich zu jener Zeit viele Debatten um die Frage, auf welche Weise das Geschehen, von dem die Evangelien berichten, heute angemessen dargestellt werden müsse. Als eine Art inneres Drehbuch der Passion Christi hatte Mel Gibson nämlich das Turiner Grabtuch wie eine sprechende Schriftrolle benutzt. Im Stöbern meiner damaligen Korrespondenz werde ich deshalb auch immer wieder dankbar an die Tage meiner Freundschaft mit Karlheinz Dietz erinnert, der mich fünf Jahre zuvor in Würzburg und Turin als erster in die Geheimnisse dieses Rätsels eingeführt hatte. Professor Dietz aus Regensburg war ein prominenter und belesener Althistoriker und exquisiter Latinist, und er hatte sich nicht gescheut, seinen guten Ruf aufs Spiel zu setzen, indem er sich als sogenannter „Sindonologe" auch in akademischen Kreisen offen für die oft bestrittene Authentizität des Grabtuchs einsetzte. Ihm verdanke ich viel. Nur zu gern hätte ich ein gemeinsames Buch mit ihm geschrieben.

Nach dem ältesten Bild Marias habe ich ihn nicht gefragt, wohl aber seinen akademischen Konkurrenten in Rom. Das war der Jesuitenpater Heinrich Pfeiffer, der als Professor an der päpstlichen Gregoriana-Universität Kunstgeschichte lehrte und seit Jahren behauptete, er habe in einem kleinen Kapuzinerkirchlein in den Abruzzen als Entsprechung zu dem Turiner Grabtuch das österliche Schweißtuch aus dem Grab Christi entdeckt. Das sei das erste jener beiden Tücher im österlichen Grab, von dem der Evangelist Johannes in seinem Bericht der Auferstehung neben der Sindone als Kronzeuge berichtet hat. So stolperte ich auf meiner Suche nach der ersten aller so genannten Ikonen des heiligen Lukas durch diesen prominenten Grabtuchexperten in ein Thema hinein, mit dem ich nie gerechnet hatte.

Professor Pfeiffer erzählte mir zunächst, dass er über den Aufenthalt der wahren Lukas-Ikone nichts wisse. Er kenne allerdings ein Porträt der Madonna, das sich im Jahr 1797 in Absam bei Innsbruck auf rätselhafte Weise im Innern einer Fensterscheibe ohne Zutun von Menschenhand gebildet habe. Das sei fast ebenso geheimnisvoll wie ihr berühmtes Bildnis auf dem Umhang aus Agavenfasern eines Indios in Guadalupe am heutigen Stadtrand der Großstadt von Mexiko vom 12. Dezember 1531.

Besser als über das Bild der Mutter Gottes von Guadalupe hätten wir nicht ins Gespräch kommen können – wir waren sofort auf derselben Wellenlänge, als ich ihm stolz anvertraute, über dieses mexikanische Bildnis der Muttergottes gerade ein Buch geschrieben zu haben. Einig waren wir uns gleich darin, dass dieses Selbstbildnis Marias zwar im Wortsinn wundervoll sei, doch mit der gesicherten Entstehung im 16. Jahrhundert unmöglich ihr ältestes sein könne.

Dennoch fuhren wir so bald wie möglich nach Absam in Tirol und bestaunten in der Pilgerkirche das Abbild der Madonna im Innern einer alten Fensterscheibe und deren unglaubliche Geschichte. Es ist ein Faszinosum, von dem ich noch nie gehört hatte. Es ist gut dokumentiert und notariell beglaubigt, dass es mitten in den Napoleonischen Kriegen zu der unerklärlichen Einnistung dieses Porträts der Gottesmutter in die Fensterscheibe eines Tiroler Bauernhauses kam, auf den Tag genau am 17. Jänner 1797.

Bei einem ersten Abendessen in der Nähe der päpstlichen Gregoriana-Universität aber berichtete mir Professor Pfeiffer auch neu und erstmals ausführlich davon, dass er mit vielen guten Argumenten belegen könne, dass das Schweißtuch aus dem Grab Christi, von dem Johannes in seinem Evangelium spreche, nicht verloren gegangen sei wie allgemein vermutet. Vielmehr befinde es sich in den Abruzzen in einer einsamen Kirche vor dem Städtchen Manoppello, wo es nur das „Heilige Gesicht" (Volto Santo) genannt werde. Außerdem sei dieser Schleier identisch mit dem so genannten Schleier der Veronika, der viele Jahrhunderte im Petersdom als Kronreliquie verehrt wurde und Millionen von Pilgern angezogen habe. Es sei das „wahre Bild" Christi, die „wahre Ikone", die lange Zeit auch einfach nur „Veronika" genannt worden sei.

Dass dieser kostbarste aller Schleier auf Nimmerwiedersehen verschollen sei, habe der Vatikan bis auf den heutigen Tag nur nie eingestanden, sondern seit den Tagen von Papst Urban VIII. kurzerhand durch eine grobe Kopie ersetzt, die immer noch einmal jährlich den Gläubigen aus der Ferne gezeigt werde. Die Sache war starker Stoff und klang komplett unglaublich. Das ging nicht nur mir so, sondern besonders meinem Freund Karlheinz Dietz.

Italienische Reise

Die Michaelskirche auf dem Tarignihügel hinter dem Städtchen Manoppello in den Abruzzen, die seit 400 Jahren das Heilige Schweißtuch aus dem Grab Christi beherbergt.

Hier muss ich deshalb in einem kleinen Intermezzo eine lange Geschichte dramatisch abkürzen, über die ich schon vier Bücher und zahlreiche Artikel geschrieben habe: Im Januar 2004 bot ich meinem Kollegen Wolfgang Büscher in Berlin an, über diese Unglaublichkeit einen Bericht für die Osterausgabe der WELT zu schreiben und finde die Mail – zwischen all meinen täglichen Angeboten als Korrespondent – jetzt noch wie den Auftakt zu einem kleinen Briefroman in meinem Archiv:

„4. Januar 2004 / Betreff: Eine italienische Reise / Lieber Wolfgang, demnächst soll ich für einen Architektur-Bericht zu einem spektakulären Neubau Renzo Pianos an die Adria. Da in der Nähe gibt es aber auch – in einer kleinen Kirche in den Abruzzen – ein rätselhaftes Bild, das der Jesuitenpater Prof. Heinrich Pfeiffer von der Gregoriana-Universität für jenes Schweißtuch hält, das im Johannes-Evangelium erwähnt wird (als „das Schweißtuch, das auf dem Kopf Jesu gelegen hatte; es lag aber nicht bei den Leinenbinden, sondern zusammengebunden daneben an einer besonderen Stelle."). Ich habe es mir vor vier Jahren schon einmal angesehen und sehr gestaunt, weil es eine ganz und gar zarte Zeichnung (ohne erkennbare Farbe) auf einem fast durchsichtigen Gazetuch enthält. Nach Pfeiffer entspricht es in jedem Detail den Maßen und Proportionen vom Gesicht des Turiner Grabtuchs. Wäre das nicht eine Geschichte für Dich und für uns, für die Ostersamstagausgabe?"

Wolfgang war der Chef des Reportage-Ressorts in Berlin und immer an guten Geschichten interessiert, doch diese schien ihm wohl etwas „too much". Deshalb finde ich in meinen Ordnern keine Antwort auf dieses Angebot. Doch an meinem Geburtstag am 10. März 2004 besuchte ich mit meiner Frau zum dritten Mal das Heiligtum von Manoppello, machte viele Fotos und schrieb einen Tag später Professor Dietz folgende Mail: „Lieber Herr Dietz, auf der Rückreise aus dem verschneiten Gargano habe ich gestern in Manoppello übernachtet und dort eine Menge Bilder von dem erstaunlichen Tuch gemacht – und mir gewünscht, Sie wären dabei gewesen, um dieses Gewebe selbst in nahen Augenschein zu nehmen, das mich an nichts erinnert, was ich kenne, so fein wie es ist: an vielen Stellen leicht verletzt, mit verschiedenen Verunreinigungen, in jedem Licht ganz anders leuchtend – und vor hellem Fensterlicht fast ganz und gar durchsichtig. Es war kein Mensch zugegen. Und ich möchte einen Besen fressen, wenn das nicht die echte Veronika ist – wenn es denn überhaupt eine echte Veronika gibt. Ihr pb" Er antwortete umgehend: „Besten Dank für die Nachricht und die Bilder. Daß das Tuchbild faszinierend ist, will ich nicht bestreiten; Isabel Piczek sagt freilich, es handele sich um eine Sieneser Malerei des 16. Jahrhunderts. Ich würde daher den Besen doch noch etwas schonen. – Wär schön, mal wieder einen Wein oder ein Bier mit Ihnen zu trinken. Liebe Grüße Ihres Karlheinz Dietz".

Und am Ende dieses Monats März wandte ich mich noch einmal – doch diesmal mit vielen Fotos – an meinen Kollegen Wolfgang und seine Kolleginnen Sandra und Catrin in Berlin: „Lieber Wolfgang, nachdem ich am Wochenende am Niederrhein einen zweiten meiner fünf Brüder innerhalb von drei Monaten beerdigt habe, bin ich immer noch ein bisschen blöd und schlapp vor Betrübtheit. Auch deshalb möchte ich gern noch einmal mit Dir über die große Ostergeschichte sprechen, die ich Dir vor einiger Zeit schon skizziert und angeboten habe. Es handelt sich – kurz – um einen der größten Kriminalfälle der Renaissance. – Dazu hier ein kleines Exposé: In der Schatzkammer des Vatikans gibt es einen leeren Bilderrahmen, in dem bis zum 16. Jahrhundert die berühmte „Veronika" aufbewahrt wurde, das sagenhafte Schweißtuch Christi, und jedenfalls eine der kostbarsten Reliquien der Christenheit, die über die Jahrhunderte Millionen Pilger nach Rom gezogen hat. Dann verschwand dieses Tuch eines Tages, ohne dass es aber jemals vom Vatikan zugegeben wurde. Im Gegenteil, seitdem wird in einer der Säulen von Sankt Peter eine Kopie aufbewahrt, sehr selten gezeigt und als wahrer Schleier der Veronika gerühmt – die unmöglich das echte alte Bildnis sein kann. Höchstwahrscheinlich ist es damals einfach geklaut und aus dem alten Rahmen herausgeschnitten worden, dessen Kristall jetzt noch von der Attacke zerbrochen zu sein scheint.

Das Original nämlich ist nicht etwa verschollen, sondern hängt seit fast genau so langer Zeit so gut wie unbekannterweise als „Volto Santo" (heiliges Antlitz) in einem Dorf in der Nähe von Pescara, wo es jedermann jeden Tag anschauen kann. Das behaupte ich natürlich nicht nur, sondern habe dafür auch vertrauenswürdige Kronzeugen ausfindig gemacht. Das wichtigste Argument ist aber das Tuch selbst. Vor drei Wochen war ich noch einmal da, habe neue Fotos gemacht, auf denen Du nun selbst sehen kannst, wie hauchdünn das Gewebe ist, von dem völlig rätselhaft ist, wie es ohne Grundierung die feine Zeichnung halten kann, die in den Fasern zu erkennen ist. Kurz und gut: die Geschichte ist eine Hammer-Entdeckung und mir wird schon ganz flau bei dem Gedanken, sie auch richtig schreiben zu müssen. Dennoch müssen wir sie wohl machen, und wann, wenn nicht zu Ostern: am besten am Karsamstag?! – Aber lass uns doch bitte so bald wie möglich darüber reden, am besten morgen früh, weil ich danach dann noch einige Interviews dazu führen muss, um die Sache so abzusichern, wie sie sich gehört. Mit lieben Grüßen und herzlich betrübt Dein P."

Der Artikel, in den ich mich dann ohne wirklichen Auftrag auf eigene Faust vertiefte, erschien jedoch nicht zum 11. April, dem Ostertag des Jahres 2004, sondern erst am 23. September auf einer ganzen Seite in der WELT. Lange hatte ich gefürchtet, er würde nie erscheinen, obwohl ich extra nach Berlin geflogen war, um meinen damaligen neuen Chef Roger Köppel davon zu überzeugen.

Ein Jahr später erschien ein erstes Buch von mir zu demselben Thema, das ich einfach schreiben musste neben all meinen anderen Aufgaben für die Zeitung in jenen drängenden Tagen, als Johannes Paul II. vor aller Welt seine letzten Seufzer machte und mir vor lauter Arbeit kaum Luft zum Atmen blieb. Und nur ein Jahr später suchte der neugewählte Papst Benedikt XVI. das Schweißtuch auf, was das Schicksal des kleinen Ortes für immer veränderte. Kein Wunder, dass ich all das sehr aufmerksam verfolgte, obwohl ich kaum ahnte, welche wesentlichen Fragen zur ältesten Ikone Mariens durch diese Entdeckung beantwortet würden.

Nichtbild und Lichtbild

Das transparente „Wahre Bild“ Christi auf seinem Schweißtuch am Morgen des 10. März 2005 in Manoppello

Auf der Suche nach dem ältesten Bild der Mutter hatte ich also das erste Bild ihres Sohnes entdeckt. Es dauerte freilich Jahre, bis ich erkannte, dass es zwei Puzzlesteine waren, die auf entscheidende Weise zusammenpassen.

Denn für ein erstes Abbild Marias musste ja zuerst einmal das jüdische biblische Bilderverbot außer Kraft gesetzt worden sein! Genau dies aber war in der Grabkammer Christi geschehen, wie wir bis heute an den beiden Bilddokumenten ablesen können, die Petrus und Johannes dort gefunden hatten, von denen das lange leinene Grabtuch mit dem Schatten des toten Jesus noch gewissermaßen aus dem Zeitalter des Bilderverbots zu stammen scheint.

Denn es ist ja ein Bild, das „kein Bild" ist. Es ist gleichsam ein majestätisches „Nichtbild". Es ist ein unergründliches Paradox, mehr eine Ahnung und ein Schatten und ein unerklärliches Ungefähr voller Spuren der gesamten Passion Christi in jedem Detail. Doch es ist kein Bild im strengen Sinn.

Neben diesem Nichtbild lag aber auch noch ein Lichtbild „an einer eigenen Stelle" in der Grabkammer, wie Johannes schreibt. Es war das „Schweißtuch, das auf seinem Gesicht gelegen hatte" – mit dem Antlitz Christi auf dem Schleier. Das ist das erste wahre Bild. Doch Menschenhände hatten es niemals gemalt.

Beide existieren bis auf den heutigen Tag. Das eine Leintuch in Turin besteht aus Blutflecken und Vergilbungen in der oberen Schicht der Leinenfäden, „feiner als die Haut einer Seifenblase“, das andere Tuch besteht aus feinster gewebter Muschelseide, und ist selbst kaum dicker als die Haut einer Seifenblase, mit einem Porträt des Gottessohnes in seinem Innern. Beide bergen ein unergründliches Geheimnis, nicht von dieser Welt, aber ganz und gar in dieser Welt.

Beide sind unerklärlich, beide sind „nicht von Menschenhand geschaffen“. Denn ein göttlicher Hauch liegt ja auch schon über dem Turiner Nichtbild des ganzen Körpers, das in geheimnisvoller Weise erst seit dem Jahr 1898 in seiner fotografischen Negativumkehrung deutlich hervortritt und ein Gesicht erkennen lässt und offenbart. Dennoch ist es einfach kein Bild! So kam – wie es auf den ersten Blick aussieht – zwischen diesem Nichtbild und dem wahren Bild in dem Grab Christi wie im Labor einer göttlichen Dunkelkammer das biblische Bilderverbot in einer Nacht an sein Ende.

Doch nicht ganz, wenn wir genauer hinschauen. Denn am Beginn der zehn Gebote sagt Gott ja zu Moses: „Du sollst dir kein Gottesbild machen und keine Darstellung von irgendetwas am Himmel droben, auf der Erde unten oder im Wasser unter der Erde.“ In dem Lichttuch aber hatte kein Mensch gegen dieses Bilderverbot verstoßen. Denn es war ja keine menschliche Hand, die das geschaffen hatte. Sich selbst hatte Gott nie verboten, ein Bild von sich zu fertigen. In der Grabkammer verwandelte er das jüdische Gesetz deshalb höchstpersönlich in die frohe Botschaft, in der er uns in seinem Lichtbild als Gegenüber begegnet. Hier zeigte und zeigt er sich vor unseren Augen mit seinem ältesten Namen, den er schon Moses verraten hatte: „Ich bin der ‚Ich-bin-da‘ für euch“. Und offensichtlich brauchte es dieses Lichtbild, bevor es später zu einer ersten Ikone Marias kommen konnte, die das alte Bilderverbot wirklich außer Kraft setzte.

Doch nun wird es spannend. Denn was geschah mit diesem Lichttuch nach seiner Entdeckung durch Petrus und Johannes, wenn wir dem Menschenverstand, aller Plausibilität und bedeutenden frühen Quellen trauen wollen? Haben Petrus und die Apostel vielleicht gewürfelt, wer von ihnen es an sich nehmen dürfte? Unsinn. Natürlich ging es ganz selbstverständlich in die Hand und den Besitz Marias, der Mutter Jesu. Davon später mehr.

Kreuzbube

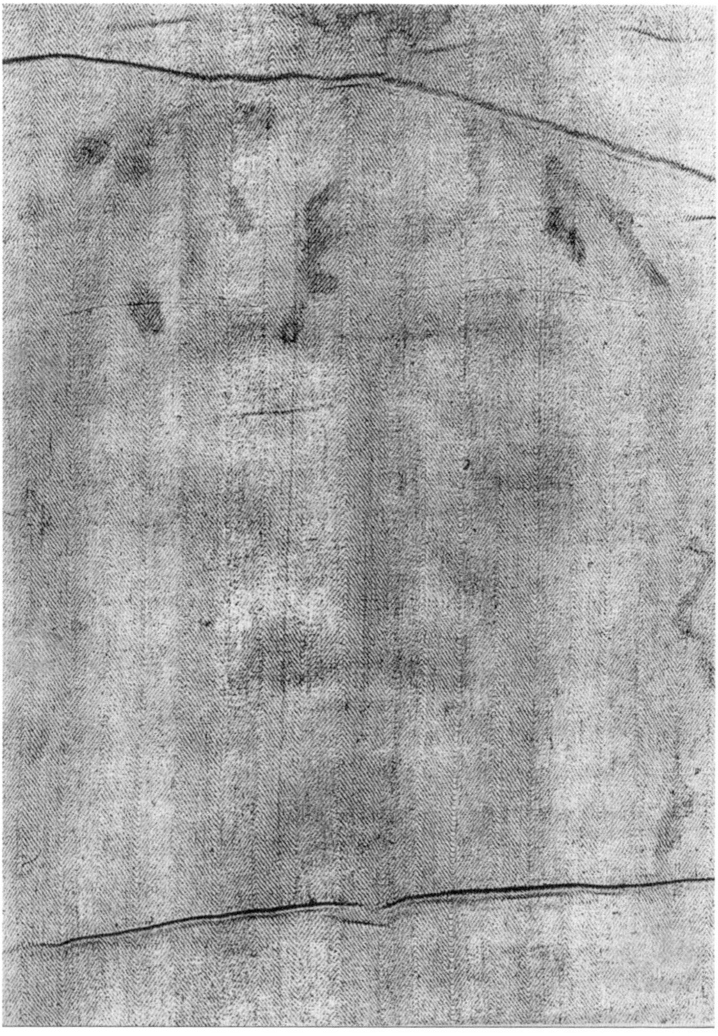

Originalfoto Giuseppe Enries von dem „Antlitz" auf dem Turiner Grabtuch aus dem Jahr 1931

Denn zunächst muss ich noch berichten, wie meine erste große Reportage über das wahre Bild nicht nur sehr viele erfreute und tröstete, sondern auch Folgen hatte, als hätte ich mit dem einfachen Bericht in ein Wespennest gegriffen. Ich hatte nur aufgeschrieben, was ich erlebt und erfahren hatte. Doch urplötzlich wurde ich von bösestem Streit umsummt. Warum?

„Weil Du so streitlustig bist!", sagt meine Frau. „Suchst Du Streit?", sage ich. Denn sie war ja mit mir auch Zeuge geworden, wie das zarte Porträt Jesu Entzweiung, Widerspruch und Widerstand anzieht wie kein anderes Bild der Welt, von dem ich je gehört habe. Unendliche Ruhe liegt in seinem Blick und grenzenloses Erbarmen. Seine Haut erinnere sie an die frisch durchbluteten Wangen eines Neugeborenen, sagte mir kürzlich eine erfahrene Hebamme. Ein Blick in seine Augen tötet den Betrachter nicht, sondern ist wie ein Blick in die Ewigkeit, in vorweggenommener Teilhabe an der Freude des ewigen Lebens. Doch offenkundig wird dieses Porträt auch im 21. Jahrhundert noch von Gespenstern und Dämonen umflattert.

Meinem Freund Karlheinz in Würzburg hatte es nicht gefallen. Seine kritische Gegnerschaft zu Professor Pfeiffer war mir vertraut. Dass nun aber auch ich als sein Freund dessen Thesen vertrat, steigerte seinen Zorn gegen das Lichtbild von Manoppello auf fast biblische Weise. In den Jahren 2014 und 2015 organisierte er zehn Jahre nach meiner Entdeckung zwei Kongresse in Würzburg und in Wien mit dem Zuspruch verschiedener Bischöfe und Kardinal Schönborns, in dem ein für alle Mal wissenschaftlich geklärt und festgelegt werden sollte, dass das „Nichtbild“ in Turin als Ursprung und Bildmutter aller Christusporträts zu gelten habe. Dem Tuch von Manoppello hingegen wurde in diesem Zusammenhang wie nebenbei jede Authentizität und Glaubwürdigkeit abgestritten. Beteiligt waren an den Kongressen rund drei Dutzend Experten. Die allermeisten von ihnen hatten das „Heilige Gesicht“ in Manoppello allerdings nie gesehen und weigerten sich strikt, es auch nur eines Blickes zu würdigen. Im Oktober 2016 veröffentlichte Karlheinz Dietz die Vorträge dieser Kongresse in einem Sammelband von 883 Seiten mit dem Titel „Das Christusbild: Zur Herkunft und Entwicklung in Ost und West“.

Der Band war als Standardwerk gedacht, mit dem der Bilderstreit um das wahre und echte Bild endgültig abgeschlossen werden sollte. Einer der Kronzeugen von Karlheinz Dietz in diesem Symposion war Dr. Erwin Pokorny aus Wien, der in diesem Band in seinem Aufsatz „Die Tüchleinmalerei und der Schleier von Manoppello“ darlegte, dass es sich bei dem Schleierbild „um eine niederländisch geprägte deutsche Tüchleinmalerei“ handelt, die „um 1500 als monochrome spätgotische Pinselzeichnung mit Wasserfarbe oder Tinte“ ausgeführt worden sei. Auch er hatte seine Expertise abgegeben, ohne das Objekt je gesehen zu haben. Bei dem Lexikon-Dienst von Wikipedia sehe ich heute – Stand Mai 2022 – dass es dort einem gewissen „Graf Bobby“ aus Wien als anonymem Redaktor des entsprechenden Eintrags gelungen ist, ganze achtmal eben diesen Aufsatz Dr. Pokornys von 2016 zu zitieren, um jede Unerklärlichkeit des Bildwunders ad absurdum zu führen. Bis heute jedoch ist in mikroskopischen Untersuchungen kein bildgebender Farbauftrag auf dem Schleier gefunden worden. Es gibt nichts dergleichen.

Mein alter Freund Karlheinz hingegen veröffentlichte im März 2021 ein opulent bebildertes Buch mit dem Titel „Von Mantua nach Manoppello", wo er auf 336 Seiten nachweisen wollte, dass Albrecht Dürer den Schleier von Manoppello als persönliches Geschenk für den Malerfürsten Raffael gemalt habe. Aus kunsthistorischer Sicht war diese Entdeckung eine Sensation. Der Kunstmarkt hingegen, der auf solche Enthüllungen normalerweise am zuverlässigsten reagiert, überging das Werk meines alten Freundes mit freundlichem Schweigen.

Die These war auch nicht ganz neu, dass Albrecht Dürer auf Muschelseide ein verschollenes Christusporträt für Raffael gemalt haben soll. Sie wurde erstmals im Jahr 1550 von dem Maler und Architekten Giorgio Vasari aus Arezzo geäußert, dem „Vater der Kunstgeschichte", auf den wir später noch einmal zurückkommen müssen.

Natürlich hat die ganze Debatte nicht nur eine sachliche, sondern auch – wie meistens im Leben – eine zutiefst persönliche Seite, in der es nicht zuletzt darum gehen sollte, mich mit meinen Veröffentlichungen zu dem Thema als nicht satisfaktionsfähig und „pseudowissenschaftlich" darzustellen. Am aufreizendsten war in diesen Akademikerkreisen aber, dass ich von allem, was ich gefunden hatte, nur immer erzählt hatte, ohne je etwas beweisen zu wollen. Das reizte nicht wenige zur Weißglut. Doch heute eigne ich mich für Duelle oder ähnliche Spiele dieser Art schon lange überhaupt nicht mehr. Das einzige Spiel, das mir lange vertraut war, ist ein Kartenspiel namens „Skat", das ich als Schüler und Student gern, aber nie wirklich gut gespielt habe, von dem ich heute fast nur noch weiß, dass der Kreuzbube in diesem Spiel die stärkste Karte ist, die alle anderen Karten der Mitspieler „sticht".

Ähnlich tut es das wahre Bild Christi. Mit all seinen Eigenschaften zusammen betrachtet ist der Schleier in Manoppello mit keinem Objekt der Weltgeschichte vergleichbar. Er ist allerdings auf einzigartige Weise kompatibel mit dem „Soudarion“, von dem der Evangelist Johannes sagt, es habe im Grab auf dem Gesicht Jesu gelegen, bevor es da heißt: Johannes „sah und glaubte.“ Es zeigt Jesus von Nazareth. „Es ist der Herr!“, wie es später auch noch aus dem Mund desselben Lieblingsjüngers heißt. Daran muss keiner glauben. Viele bestreiten es.

Dennoch hatte mir die Himmelkönigin im Spiel dieser Auseinandersetzung mit so vielen gezinkten Karten mit dem Schleier des wahren Bildes in Manoppello einen echten Kreuzbuben in die Hand gespielt.

Don Quijote

Tuschgrafik Pablo Picassos aus dem Jahr 1955 zu Miguel de Cervantes Roman „Der sinnreiche Ritter Don Quijote von der Mancha" aus den Jahren 1605 und 1615

Deshalb ist mein erster großer Bericht zum Tuch der Tücher bisher auch zum Buch der Bücher meines Lebens geworden. Bis zu diesem Buch in Ihren Händen. Denn diese beiden Bücher gehören zusammen, als ein und dasselbe Buch meines Lebens. Bis die Entdeckung des Volto Santo meiner Suche nach dem ältesten Bild Marias schließlich entscheidende Einsichten bescherte, bedurfte es allerdings noch vieler Wege und Irrwege, deren verrückte Routen mich immer wieder an meinen liebsten Roman erinnern.

Das ist „Der sinnreiche Ritter Don Quijote von der Mancha", der große Schelmenroman vom Beginn der Neuzeit, in dem Miguel de Cervantes Saavedra von der abenteuerlichen Suche dieses Ritters nach „Dulcinea del Toboso" erzählt, der Dame seines Herzens und Beherrscherin all seiner Sinne. Gestatten Sie mir deshalb hier ein paar Worte, warum ausgerechnet dieses Meisterwerk der Literatur mich an meine schlichte Erzählung zum Urbild Marias erinnert. In der Seeschlacht von Lepanto hatte Miguel de Cervantes unter Juan de Austria mit 24 Jahren drei Schusswunden erlitten, von denen ein Schuss seine linke Hand für immer gelähmt hatte. Danach war sein Leben zu einem einzigen Abenteuer geworden. Doch als er im April 1616 starb, hatte er mit seiner gesunden rechten Hand den ersten modernen Roman der Weltliteratur zu Papier gebracht, in dem ein Tiefschlaf seinen Helden drei Tage vor dessen Ende von dem wirren Traum befreite, der „ingeniöse Hidalgo Don Quijote de la Mancha" zu sein, der mit seinen Verrücktheiten und seinem Knappen Sancho Pansa die Leserinnen und Leser bis dahin aufs Köstlichste unterhalten hatte. Derselbe Traum befreite den liebeskranken Ritter schließlich auch von dem Trugbild seiner „Dulcinea del Toboso", wobei ihm außerdem gewahr wurde, dass er weder von Adel, noch ein Ritter war und nicht einmal Don Quijote hieß, sondern ganz schlicht Alonso Quijano. Er war Jahrzehnte lang ein Narr gewesen, doch nun, vor dem Ende und dem Verlust aller Illusion bereute er seine Sünden, empfing die Sakramente, verfasste noch ein ordentliches Testament und war völlig genesen, als er starb. Die Geschichte war genial, wobei ich mich hier nicht etwa in dem Helden wieder erkenne, obwohl mir dessen Wunderlichkeit – sehr zum Missbehagen meiner Frau, – nicht fremd ist, sondern, wenn schon, dann nur in dessen tollpatschigem realistischem Begleiter Sancho. Vor allem aber fasziniert mich heute an der Geschichte, dass Cervantes diesen einzigartigen Roman in den Jahren 1605 und 1615 im Abstand von zehn Jahren in zwei Teilen vorlegte und so ähnlich geht es mir auch heute mit dem Buch meines Lebens.

Sein Buch war allerdings Fiktion, während meine Erzählung dem Genre einer nicht enden wollenden Reportage zugehört. Doch nun – nach rund zwanzig Jahren! – scheine auch ich meinen Bericht endlich vollenden zu können, weil er wohl auch doppelt so verrückt ist wie die edlen Abenteuer Don Quijotes. Auch das will ich hier noch einmal kurz skizzieren

Der Tod des alten Papstes aus Polen am 2. April 2005 und die Wahl seines Nachfolgers aus Deutschland waren ein historischer Scheitelpunkt in Rom. Auch für meinen Lebenslauf wurde das Jahr 2005 zu einer Wende, mit der Veröffentlichung des Buchs „Das Muschelseidentuch. Auf der Suche nach dem wahren Antlitz Jesu". Ich schaute mir immer noch jede Marienikone Roms an und fuhr hinaus nach Spoleto oder nach Mentorella auf den höchsten Berg im Latium oder nach Grottaferrata am Albaner See, wo wir im dortigen Kloster eine große byzantinische Ikone bewunderten und fotografierten. Selbstverständlich führte man alle diese Madonnenbilder auf den Evangelisten Lukas zurück.

Da erreichte mich am Abend des 20. Dezember 2005 die Mail einer Dame namens Josefine Schiffer aus Aachen, die zum Wendepunkt unserer Suche nach dem ältesten Bild Mariens wurde. Sie war die Frau meines ehemaligen Kunstlehrers, die sich nach der Lektüre eines meiner Artikel im Juli 2003 in Berlin in der Redaktion nach meiner Adresse erkundigt hatte, um fast 36 Jahre nach meinem Abschied aus Aachen wieder Kontakt zu mir aufzunehmen. Sie war in den Künsten sehr bewandert und eine Töpferin, die den Vergleich mit japanischen Meistern nicht zu scheuen brauchte. Ich antwortete ihr damals mit dem Typoskript meines Buches über das nicht von Menschenhand geschaffene Gnadenbild der Jungfrau von Guadalupe aus Mexiko, das ich gerade in den Ullstein-Verlag nach Berlin geschickt hatte. Sie las ihrem Jupp danach jeden Abend auf dessen Krankenbett Seite für Seite daraus vor. Metastasen im Hirn peinigten ihn, doch meine Erzählung habe ihn fasziniert und sehr gefreut, schrieb sie danach. „Aber wir sind nur bis Seite 67 gekommen“. Dann sei er friedlich eingeschlafen. Maria hatte geholfen. Jupp hatte sie nicht mehr gesund gemacht, aber sie begründete von dem Tag an einen regen Austausch zwischen seiner Witwe und mir nach fast vierzig Jahren. Bald erzählte ich ihr auch von meiner Suche nach dem ältesten Bild der Madonna und von all ihren Porträts, die wir inzwischen schon aufgesucht hatten – auf dem Capitolhügel in der Basilika Ara Coeli, in der Kirche Santa Maria in Lata auf dem Via del Corso, in der Kirche Santa Susanna und in der alten Basilica di San Lorenzo in Damaso auf dem Corso Vittorio Emanuele. Und dass wir zum Monte Mario schon lange zuvor auf gut Glück hochgefahren waren und das Viertel auf der Suche nach dem Kloster ergebnislos durchstreift hatten, wo sich die allerwichtigste dieser Tafeln befinden sollte.

Diesmal aber hängte Josefine ihrer Mail an mich ein Foto an, zu dem sie schrieb: „Kurz vor Weihnachten schicke ich Dir diese wunderschöne Marienikone. (Aus dem Rosenkranz-Kloster auf dem Monte Mario). Ich fand sie in einem Heft: ‚Die sieben Lukas-Ikonen Roms', von Salesia Bongenberg, aus dem Nachlass eines verstorbenen Priesters, der mir gerade zugeschickt wurde. Könntest Du es brauchen?" Und ob ich es brauchen konnte!

Am nächsten Tag erschien in der renommierten Hamburger Wochenzeitschrift „Die Zeit" zum Weihnachtsfest ein so genanntes Dossier von acht Seiten aus der Feder Wolfgang Büschers über das Volto Santo von Manoppello mit meinen Fotos. Ich sandte diesen Artikel stolz an Josefine und antwortete ihr begeistert: „Herzlichen Dank für das wundervolle Bild, das ich schon seit langem suche. Es ist ja gar nicht weit von uns und jetzt will ich es um Weihnachten endlich einmal aufsuchen." Doch es war gar nicht so leicht, weil wir auf dem Monte Mario schon wieder nichts fanden, bis mir Josefine die ganze Schrift von Salesia Bongenberg mit den Worten „Gruß aus einer anderen Welt" zusandte. Denn das Heft stammte von Horst Schaffrath, einem von ihr sehr verehrten Priester, der kurz zuvor mit 59 Jahren gestorben war.

Horst Schaffrath war ein so genannter Spätberufener, sehr sensibel und kunstsinnig, der sich erst zur Ehelosigkeit und zum Priestertum entschlossen hatte, nachdem sein Vater in einem Prozess in Düsseldorf freigesprochen worden war, in dem es um dessen Rolle in einem Kriegsverbrechen Jahrzehnte zuvor im Osten gegangen war. „Einsatztruppen" der SS hatten dort die jüdische Bevölkerung eines ganzen Dorfes in der Ukraine in die lokale Pfarrkirche getrieben und diese dann in Brand gesetzt. Es gab keine Überlebenden. Es war grauenhaft. Doch der Vater wurde aus Mangel an Beweisen freigesprochen. Von Unschuld kann in solchen Zusammenhängen ja kaum auf angemessene Weise gesprochen werden, und dem Sohn hatte dieser Schreckensprozess furchtbar zugesetzt und ihn nicht mehr ruhen lassen. Danach beschloss er, katholischer Priester zu werden. Nach seinem Tod war sein Nachlass an meine Freundin Josefine gelangt. Ich habe keinen der beiden, weder Horst Schaffrath noch Salesia Bongenberg je gesehen.

Doch auch Salesia Bongenberg hatte das Bild der ältesten Madonna nie gesehen, zu der sie mich schließlich mit ihrer Schrift über „Die sieben Lukas-Ikonen Roms!“ führte. Sie war eine ehemalige Nonne, und kannte – wie es schien – alle Marienikonen Roms und viele weitere der entlegensten Klöster des Mittelmeer-Raums, doch dieses eine Foto vom Gnadenbild der Advocata des Rosenkranzklosters auf dem Monte Mario hatte sie viele Jahre zuvor nur als verblasste Postkarte im Klosterladen der Dominikaner der Kirche Santa Sabina auf dem Aventin-Hügel erstanden.

„Ich rufe Dich an, ich rufe Dich herbei, komm zu mir, bitte!“, hatte sie flehentlich auf die Karte geschrieben, „und schau mich an, dass ich zu mir selbst finde, dass ich mein verlorenes Gesicht wiederfinde, wie ich bin – in der Sicht Gottes.“ Es war ein Gebet, und in diesen Ton war sie auch immer wieder in ihrem Heft über „Die sieben Lukas-Ikonen Roms“ verfallen. Doch drei Tage, nachdem wir es in die Hand bekommen hatten, schaute uns die Advocata erstmals persönlich an. Da hatte sich die älteste Ikone Marias auf dieser Erde endlich auch von uns finden lassen.

ADVOCATA

Photokopie der Advocata an der hinteren Klostermauer, die Pilger bis 2007 auf das Gnadenbild in dem Rosenkranzkloster hinwies, zu dem hier damals wie heute ein schmaler Gang hinführte

Das ging natürlich nicht ohne eine letzte Verzögerung. Denn weil Salesia Bongenberg in ihrer Schrift über die Lukas-Ikonen Roms die genaue Adresse des Klosters nicht preisgegeben hatte, nahmen wir uns am 10. Januar 2006 einfach nur wieder ein Taxi und suchten auf dem Gipfel des Monte Mario so wahllos wie schon zuvor das Viertel links und rechts der antiken Via Trionfale nach dem verborgenen Schatzhaus ab. Es war wieder vergeblich, wie zuvor. „Lass uns nach Hause gehen und ich mach einen Teller Spaghetti aglio e olio", sagte meine Frau schließlich. „Ja", sagte ich, „mit viel Peperoncino bitte".

So gingen wir vorsichtig am Straßenrand den Berg hinab. Denn natürlich hat die Via Trionfale, über die vor Jahrhunderten die deutschen Könige im Triumph zum Petersdom pilgerten, um sich dort zu römischen Kaisern krönen zu lassen, keinen Bürgersteig, der Pilger wie uns vor dem Verkehr der prominenten Ausfallstraße schützen könnte. Es schien schon ein Wunder, dass es an Kreuzungen überhaupt Ampeln gab. Und eben dort, hinter der Stelle, wo die Via Trionfale die Panorama-Straße kreuzt, zeigte Ellen plötzlich auf eine Marmortafel an der rechten Begrenzungsmauer, die von Efeu fast überwuchert war. Nur die Lettern MONAS ... DEL ROSARIO ließen sich noch erkennen und als wir den Efeu zur Seite schoben, wussten wir, hier war das Rosenkranzkloster, nach dem wir so lange Ausschau gehalten hatten. Doch wo? An dem Schild vorbei führte ein kleiner Weg von der Straße ab und endete vor einem Gittertor, hinter dem sich die Ruine einer herunter gekommenen Barockkirche über einem Treppenkomplex erhob. Doch das Tor war mit Ketten verschlossen.

So versuchten wir durch eine kleine Parkanlage auf die Rückseite des Klosters zu kommen, wo wir schließlich auf der Via Alberto Cadlolo Nr. 51 eine Messingplatte neben dem verschlossenen Portal fanden, die uns bestätigte, dass sich das Rosenkranzkloster dahinter befand. Die unspektakuläre Seite war die Vorderseite. Ich klingelte. „Ave Maria!", meldete sich eine Frauenstimme über die Sprechanlage. „Ave Maria!", gab ich zur Antwort und fragte, ob sich denn in diesem Kloster die Ikone der Advocata befinde und ob wir sie besuchen könnten. Ja und nein, antwortete die Stimme. Wir seien hier richtig. Hier sei der offizielle Haupteingang des Klosters. Doch sie und ihre Mitschwestern lebten in Klausur. Das heißt, sie lebten im Gebet und abgeschlossen von jedem Publikumsverkehr. Wir könnten ihre Kirche deshalb nur morgens zur Frühmesse der Gemeinschaft um 7:30 Uhr aufsuchen und danach ungestört zur Betrachtung der Ikone bleiben. „Ave Maria" war das Codewort zu dem Schatz.

Am nächsten Morgen waren wir rechtzeitig mit dem Taxi oben, folgten an der linken Außenmauer des Klosterkomplexes zum Bimmeln der Klosterglocke einem schmalen gepflasterten und heckengesäumten Weg, an dessen Ende eine Stahltür nach rechts in die Mauer hineinführte, die so früh noch verschlossen war. Hier aber öffnete sich die Tür mit einem Summton nach dem wiederholten Wechseln des „Ave Maria" über die Sprechanlage und gab eine weitere schmale Gasse frei, die nach rechts an einer grauen Tuffsteinmauer entlang auf eine weitere Stahltür zuführte. Links unter uns lag Rom noch im Schlaf. In wenigen Minuten würde die Sonne über dem Rist der Berge der Abruzzen im Osten aufgehen. Das Leben war ein Fest.

Eine Woche zuvor hatte die Kirche die Erscheinung Gottes vor aller Welt gefeiert. Jetzt endete die so genannte Festoktav, wo es gleich in der Lesung von der Berufung des Samuel heißen würde: „Samuel stand auf und ging zu Eli und sagte: Hier bin ich, du hast mich gerufen. Da merkte Eli, dass der Herr den Knaben gerufen hatte. Eli sagte zu Samuel: Geh, leg dich schlafen! Wenn er dich wieder ruft, dann antworte: Rede, Herr; dein Diener hört."

Hinter der zweiten Stahltür öffnete sich endlich der Blick auf das ganze Heiligtum, wo eine alte Nonne gerade die Holztür hinter dem Glasportal über der Freitreppe zusammenfaltete und den Schlüssel für uns umdrehte, bevor sie rasch wieder in die Sakristei des Konvents huschte. Wir waren ganz allein in der kleinen Kirche, die beim Beginn der Messe plötzlich durch das gläserne Hauptportal in das Licht der aufgehenden Sonne getaucht wurde. Der Bau war mit seinem alten Hauptaltar nach Westen und nicht nach Osten ausgerichtet. Die Ikone der Advocata war nirgends zu sehen, und der Priester so alt, dass er mit einem Stock die Stufen des Altares hinaufsteigen musste. Links vom Altarraum war aber nun der hohe Gesang der Nonnen durch ein schweres Eisengitter zu hören, das sie vom Rest der Menschheit abtrennte. Nach der Verwandlung von Brot und Wein kam der Priester mit dem Kelch vorsichtig die Stufen hinunter, ging nach links auf die Gitterwand zu und reichte die verwandelten Hostien eine nach der anderen den Nonnen durch ein kleines Fenster, hinter dem sie einzeln vor seine Hand traten. So etwas hatte ich noch nie erlebt.

Und nach dem Schlusssegen verschwand der Priester nicht etwa sogleich in der Sakristei, sondern kam zuerst wieder die Stufen herab und stützte sich links von diesem Kommunionfenster auf seinen Stock vor einer Ikone, die er schweigend betrachtete. „Ah, die Advocata!", fuhr es mir durch den Kopf, ich stand auf und ging gleich nach ihm nach vorne und links vor das Gitter, um sie auch endlich von Nahem zu betrachten. Aber es war nicht so leicht, weil in diesem Gnadenbild nur ein kleines Fenster ihr Gesicht freigab, während der Rest des Bildes über und über mit kostbaren Votivgaben bedeckt war: mit silbernen Herzen, mit Edelsteinen, Rosenkränzen und allem, was mich sonst noch ablenken konnte. Ich konnte meinen Blick kaum auf das Gesicht der berühmten Madonna fokussieren, als ich plötzlich eine Frauenstimme hinter der Tafel hörte. „Geduld!", sagte sie und „einen Moment noch!" Dann klappten links und rechts von dem Gnadenbild zwei kleine bemalte Holzfenster auf, während sich die Ikone vor mir knarrend zu drehen begann und mir jetzt ihre Rückseite zuwandte, die in Wirklichkeit die Vorderseite war, quasi nackt und bloß, ganz ohne Rosenkränze oder anderen Schmuck.

Es war die „Advocata".

Es war die „Herbeigerufene", die Anwältin, die Fürsprecherin. Ich erzählte schon, dass ein Papyrusfragment aus der Oase Fayum in Ägypten diesen Titel im ältesten bekannten Gebet an Maria festhält, das bisher gefunden wurde. Es stammt aus dem 3. Jahrhundert und beginnt mit den Worten: „Unter Deinen Schutz, fliehen wir, o heilige Gottesgebärerin". Jetzt konnte ich eine Ewigkeit lang meine Augen nicht von der Ikone lösen, hinter der die Nonnen in ihrem Chorraum die Feier des Messopfers vor wenigen Momenten auf lateinisch mit dem Gesang des Hymnus beendet hatten: „Sub tuum praesidium fugimus" (Unter deinen Schutz fliehen wir …).

Sobald sie den Chorraum nach ihrem anschließenden Stundengebet verlassen hatten, stieg ich auf die hölzerne Kniebank zu Füßen der Ikone, hielt mich mit beiden Händen an dem Gitter fest, um dahinter jedes Detail der Tafel gleichsam einzuatmen, aus rund 30 Zentimetern Entfernung. In Mexiko hatte ich noch ein Opernglas nötig, um das Antlitz der Madonna studieren zu können. Das war hier ganz und gar nicht notwendig. Näher lässt sich einem Bild kaum kommen. Es war so lebendig wie das Lichtbild ihres Sohnes auf dem heiligen Schweißtuch. Die Schattierungen der Malweise ägyptischer Mumienporträts hatte ich sogleich erkannt, die ich seit fast zwanzig Jahren in Museen der ganzen Welt bewundert hatte. Unter all diesen Tafeln war diese Ikone aber sicher die allerschönste. Sie ist ebenso östlich wie westlich, irdisch wie himmlisch. Sie war auch die meisterhafteste von allen, wobei die vielen haarfeinen Risse in ihrem Farbauftrag verrieten, dass diese Madonna wohl schon seit Jahrhunderten der Luft ausgesetzt und verehrt worden war, während trockener Wüstensand in der gleichen Zeit die Ikonen von Fayum bedeckte, als perfekte Konservierung, die allesamt keine dieser „Krakelüren“ haben, wie Experten diese Haarrisse nennen.

Das Erste, was der Mensch – normalerweise, wie ich mir das vorstelle – in seinem Leben sieht und erkennt, ist das Gesicht seiner Mutter über sich. Zuerst ist das Gesicht der Mutter da. Je näher ihm das Gesicht dabei kommt, umso runder wird es den Augen des Neugeborenen erscheinen. Und so, in etwa, müssen Sie sich auch das Gesicht der Advocata vorstellen, rund und ruhig, doch ein wenig außerhalb der Proportionen und mit riesengroßen Augen. Ihr Hals wird hier unten von einem dunkelpurpurfarbenen Schleier umhüllt. Ihre Ohren sind nicht zu sehen, wie bei der chaldäischen Madonna aus Jerusalem, und das ist seltsam, doch rechts hinter ihrem Nacken tritt unter dem Maphorion ein gerollter Schal ans Licht, dessen vier Streifen entfernt an die unverwechselbar schlichte Musterung der Saris der „Missionarinnen der Nächstenliebe“ Mutter Teresas aus Kalkutta erinnern.

Ganz offensichtlich beteiligte sich diese Ikone nicht an dem Streit in Rom, zumindest schon sehr lange nicht mehr, welche unter ihnen die älteste und kostbarste sei. Und dennoch hätte vor diesem Porträt ein Blinder mit einem Stock daran fühlen können, wie meine Mutter gern sagte, dass die Advocata das lebendige Vorbild zahlloser Ikonen war, die wir in Rom schon entdeckt hatten und die allesamt Jahrhunderte jünger waren, sei es die Ikone „Fons Lucis – Stella Maris“ in Santa Maria in Lata auf dem Corso, die Kopie der Advocata eines römischen Malers aus dem 11. Jahrhundert, die sich heute in der Galleria Barberini befindet, oder die „Jungfrau von Aracoeli“ auf dem Capitol, die „Madonna dell'Intercessione“ aus Edessa in der Basilica San Alessio, die Virgo-Ikonen in der Kirche Santi Domenico e Sisto und in San Lorenzo in Damaso oder das Fresko der Madonna in Santa Susanna. All diese Darstellungen waren eindeutig Kopien. Das konnte jeder Laie erkennen, von denen ich einer war: Hier war das Original: Die Advocata war der Schlüssel zu ihnen allen.

Ein schwerer Wasserschaden an den beiden oberen Ecken der Bildtafel erinnerte geradezu handgreiflich an das Zeugnis des Patriarchen Germanos I., dass die kostbarste Marienikone Konstantinopels unter der Herrschaft Leon des Isauriers auf wunderbare Weise durch das Meer vor dem Bildersturm nach Rom in die rettenden Hände Papst Gregors II. geraten sei. – Davon hatte uns Pater Bernhard Maria Alter schon Jahre zuvor in Jerusalem erzählt. War es so, dann konnte sie aber nicht schon von Papst Gregor I. (dem Großen) 150 Jahre zuvor als Schutzschild vor der Pest durch die Straßen Roms getragen worden sein. Und die Rettung durch das Wasser reklamiert ja auch das makellos erhaltene Gnadenbild der „Salus Populi Romani“ in Santa Maria Maggiore für sich. Doch keine Ikone Roms gibt so sehr Auskunft über einen Wasserschaden wie die Tafel der Advocata.

Mehr als jedes andere Detail fesselte mich jedoch ihr Silberblick, der mich an die immer wieder verhangenen Augen meiner Mutter erinnerte. Ich machte Fotos von jedem Detail dieses Gesichts. Dazu hatte ich eine japanische Kamera mitgebracht, die meine Arbeit und mein Leben verändert hatte, seit sie mir im Februar 2000 in der Redaktion in Berlin ausgehändigt wurde, weil sie mit ihrer Automatik auch in der Hand von Laien schönere Fotos zutage förderte, als die mancher jener Profi-Fotografen, die ich viele Male begleitet hatte. Jetzt hielt ich selbst diese Ikone mit meiner Kamera in Fotos fest, die mich allesamt schon in ihrem Aufleuchten auf dem kleinen Display begeisterten. In einem Faltblatt vor dem Gitter hieß es in einer altertümlich gesetzten offiziellen Erklärung des Heiligtums in Italienisch, Englisch, Französisch und Spanisch:

„DAS WUNDERTÄTIGE BILD UNSERER LIEBEN FRAU, DAS DEM HEILIGEN LUKAS ZUGESCHRIEBEN WIRD – Ein kurzer geschichtlicher Überblick. – Von diesem Bild der Seligen Jungfrau, das eine ehrwürdige Überlieferung dem heiligen Lukas zuschreibt, heißt es, es sei auf wundersame Weise koloriert worden. Deshalb wird es auch „Acheropite" genannt (Das heißt: nicht von Menschenhand geschaffen). Es wurde aus dem Nahen Osten nach Rom gebracht, und nach himmlischem Wunsch zuerst zur Verehrung in der Kirche S. Agatha in Turri ausgestellt, die später als Santa Maria in Trastevere bekannt wurde.

Papst Sergius III ordnete ihre Überführung in die Lateran-Basilika an, um es dort mit dem nicht von Menschenhand geschaffenen Bild des Herrn aufzubewahren. Doch auf wunderbare Weise kehrte es von selbst nach Santa Maria in Trastevere zurück und die Verehrung nahm im Lauf der Jahrhunderte durch den Eifer der Benediktinischen Nonnen sehr zu, die es hüteten und durch die vielen Wunder und Gnaden, die der Ikone zugeschrieben wurden.

Papst Gregor der Große trug das Bild während einer großen Seuche in einer Prozession durch die Stadt Rom und die Pest brach plötzlich in sich zusammen. Es war bei dieser Gelegenheit, dass der Erzengel Michael über der Engelsburg erschien und sein Schwert zurück in die Scheide steckte, während ein Chor im Himmel den Hymnus des „Regina Coeli, laetare!" anstimmte.

Im Jahr 1221 trug der heilige Dominikus unter Papst Honorius III. das Bild feierlich nach Sankt Sixtus an der Via Appia Antica zu einem Konvent, in dem er Nonnen aus verschiedenen Gemeinschaften versammelt hatte. Dort wurde das heilige Bild bis zum Jahr 1575 verehrt, bis die Dominikanerinnen mit dem Schatz in die Kirche Sankt Dominikus und Sankt Sixtus an der Piazza Magnapoli, umzogen, wo es im Jahr 1641 vom Kapitel des Vatikans gekrönt wurde.

Schließlich zog das wundertätige Bild noch einmal 1931 mit ihren Dominikanerinnen in das neue Rosenkranz-Kloster auf dem Monte Mario um, wo es als ein 700 Jahre altes Erbe der Verehrung aufbewahrt wird, das vom Himmel selbst durch zahllose Wunder, Gebetserhörungen und Gnadengaben geadelt und bestätigt worden ist."

Das war schon die kurze Einführung zu diesem Bildnis. Dass Gregor der Große diese leichte Tafel und nicht die fast küchentürgroße Ikone aus Santa Maria Maggiore in der Pest des Jahres 590 eigenhändig durch die Stadt Rom getragen hat, wie es sonst immer hieß, war leicht nachzuvollziehen. Doch die Reihung der drei Päpste ging hier durcheinander und dass es nicht von Menschenhand gemalt sein sollte, schien mir ganz ausgeschlossen. Es war so lebendig wie das nicht von Menschenhand geschaffene Antlitz ihres Sohnes auf dem Heiligen Schweißtuch, das ist wahr, und doch von grundsätzlich anderer Natur. Die Menschenhand und der Pinselstrich eines Meisters waren hier ganz offensichtlich. Beim so genannten Schweißtuch, der Vera Icon ihres Sohnes, ist jede Wimper einzeln zu sehen und jedes Barthaar. Die Advocata hat keine Wimpern und die Augenbrauen sind schön geschwungen, aber wie abrasiert und aufgeschminkt, wie bei meiner Mutter, wenn sie sich für meinen Vater „zurecht" gemacht hatte. Neben dem Lichtbild in den Abruzzen kannte ich inzwischen auch die so genannten „Acheiropiten“ von Guadalupe in Mexiko, der Santa Sindone in Turin im Piemont, und auch von Absam in Tirol von Nahem, die alle nicht von Menschenhand geschaffen waren. Alle drei waren grundsätzlich anders. Ähnlich zweifelhaft schien mir deshalb auch die Zuschreibung des Bildes an den Evangelisten Lukas. Der Text wimmelte von Widersprüchen, nicht aber die Ikone. Sie war widerspruchsfrei.

Inzwischen gehört es zwar zur Summe meiner Erfahrungen in Rom, dass die Italiener eine Nation bilden, die es – im Gegensatz etwa zu den Deutschen – gelernt haben, sehr großmütig und gelassen mit Widersprüchen zu leben. Italiener teilen „grosso modo“ nicht unsere oft verzweifelten Versuche, jedes Rätsel und jeden Widerspruch unbedingt aufzulösen. Das war hier ohnehin nicht nötig. Das musste sie sein: Die älteste Marienikone der Welt! Ein Weltwunder wie das nahe Pantheon und der Petersplatz Berninis oder die fernen Pyramiden – doch vollkommen verborgen am Stadtrand der Weltstadt! Wir waren am Ziel. Nur dass Lukas sie gemalt haben soll, schien mir ganz unmöglich.

Herzdame

Die Augen der Advocata auf einem der ersten Fotos
des Autors vom 11. Januar 2006

Ich war jedenfalls außer mir. Am gleichen Abend schrieb ich schon Mails an die ganze Welt über die Entdeckung – mit ersten Fotos, wie sie bis dahin im Netz noch nirgends zu sehen waren. Von der Advocata insgesamt gab es davor praktisch nichts im weltweiten Netz, sondern nur in schlechter Qualität in kunsthistorischen Fachbänden, die ich bis dahin noch gar nicht gesehen hatte. Zuerst aber bedankte ich mich bei meiner Freundin Josefine mit zwei Fotos und den Worten: „Schau, liebe Jo, was heute aus Deiner Anregung geworden ist. Wir haben die ADVOCATA auf dem Monte Mario gefunden, die älteste Marienikone Roms: unsere neue Anwältin, die wir in diesen Tagen besonders gut gebrauchen können. Grazie mille. Dein Paul."

Dann schrieb ich spät am Abend meinem neuen Verleger Bernhard Meuser vom Droemer-Knaur Verlag. Zum Erscheinen meiner Erzählung von der Entdeckung der wahren Ikone hatte er mir ein schönes Zitat des Schweizer Theologen Urs von Balthasar geschickt: „Christus leuchtet ein". Jetzt schickte ich ihm ein erstes Foto und schrieb: „Lieber Herr Meuser, auch Maria leuchtet ein, wie Sie hier sehen. Es ist das Foto unserer neuen Anwältin, die wir heute Morgen entdeckt haben. Es ist die ADVOCATA, wie sie hier in Rom heißt, sicher aus den allerersten Jahrhunderten und in Wachs gemalt wie die allerersten Ikonen. Herzlich Ihr pb".

Ich war so fasziniert, weil auch diese Fotos schon völlig aus allen Fotos herausfielen, die ich je von Ikonen gemacht hatte. Deshalb hatte ich auch keinen Zweifel daran, spätestens für die Osterausgabe der WELT zum 16. April eine schöne Geschichte über diese Entdeckung schreiben zu können. Doch so einfach war es nicht. Meine unbeabsichtigten Entdeckungen hatten mir – milde gesagt – nicht nur Freunde und Freundinnen in der Heimatredaktion in Berlin unter meinen Kollegen beschert, denen es lieber gewesen wäre, sie mit mehr Hintergrundberichten zu den neuesten Eskapaden Premier Berlusconis zu versorgen. Die bekamen sie natürlich auch, doch persönlich fand ich nichts aufregender als die Entdeckung der ältesten Marienikone. Andererseits hatte ich auch keine Eile oder Bange, dass mir ein anderer Kollege diese Entdeckung wegschnappen würde. Denn mehr als die Stahltüren und das fingerdicke alte Eisengitter schützte diese Ikone die Klausur der Nonnen, das heißt ihr freiwilliges Eingesperrtsein – und eben die frühe Besuchszeit um halb acht Uhr morgens. Da sind Touristen wie Pilger kaum unterwegs – und erst recht keine neugierigen Kollegen auf der Suche nach unentdeckten Schätzen der Kirche.

Bei unserem allerersten Besuch hatte der alte Priester gestützt auf seinen Gehstock vor der heiligen Messe zuerst links vom Gitter vor der Ikone gestanden, um sich zu sammeln, bevor er von dort zum Altar hinüber ging. Genauso war es bei unserem zweiten Besuch. Auch bei unserem dritten Besuch, bei dem wir erstmals zwei Freunde aus Deutschland mitgenommen hatten, um ihnen die Advocata zu zeigen. Doch diesmal war ich abgelenkt. Schwere Schwierigkeiten belasteten mich und neue Versuche, mich aus der Redaktion zu kegeln. Es war nicht zum ersten Mal, doch diesmal ging es um Versuche, meine Existenz in Rom zu beenden. So fing die heilige Messe an, das Kyrie, die Lesung, das Evangelium, diesmal über die Aufopferung Jesu als Säugling im Tempel, wo es am Ende hieß: „In Jerusalem lebte damals ein Mann namens Simeon. Er war gerecht und fromm und wartete auf die Rettung Israels, und der Heilige

Geist ruhte auf ihm. Vom Heiligen Geist war ihm offenbart worden, er werde den Tod nicht schauen, ehe er den Messias des Herrn gesehen habe. Jetzt wurde er vom Geist in den Tempel geführt; und als die Eltern Jesus hereinbrachten, um zu erfüllen, was nach dem Gesetz üblich war, nahm Simeon das Kind in seine Arme und pries Gott mit den Worten: Nun lässt du, Herr, deinen Knecht, wie du gesagt hast, in Frieden scheiden. Denn meine Augen haben das Heil gesehen, das du vor allen Völkern bereitet hast, ein Licht, das die Heiden erleuchtet, und Herrlichkeit für dein Volk Israel. Sein Vater und seine Mutter staunten über die Worte, die über Jesus gesagt wurden. Und Simeon segnete sie und sagte zu Maria, der Mutter Jesu: Dieser ist dazu bestimmt, dass in Israel viele durch ihn zu Fall kommen und viele aufgerichtet werden, und er wird ein Zeichen sein, dem widersprochen wird. Dadurch sollen die Gedanken vieler Menschen offenbar werden. Dir selbst aber wird ein Schwert durch die Seele dringen."

Das Evangelium stammte natürlich von Lukas. Doch dann, in der kurzen Predigt danach, wandte sich der alte Priester plötzlich unvermittelt an mich persönlich, weg von den Nonnen hinter dem Gitter, denen er sonst vor allem das Evangelium auslegte, schaute nur noch mir in die Augen und beschwor mich, meine Sorgen fahren zu lassen. Es seien alles nur „Prüfungen, nichts als Prüfungen", die vorbei gehen würden wie Wolken, die gerade die Sonne verdunkelten. Ich sollte in Frieden und furchtlos meiner Wege ziehen. Es war, als habe er geradewegs in mein Herz geschaut, erschütternd, auch für Ellen und unsere Freunde, die kein Italienisch sprachen und doch jedes Wort zu verstehen schienen, vor allem aber, dass er mich in diesem Gottesdienst persönlich ansprach und tröstete wie ein Prophet. Er kannte mich doch gar nicht.

Eine Woche später war ich jedenfalls schon wieder da. Die Rosenkranz-Kirche der Advocata war für mich im Handumdrehen zu einem frischen Quellort geworden, von dessen Wasser ich nicht genug bekommen konnte. Diesmal aber stand ein schwarzer Priester am Altar. Was sei denn mit dem Alten, fragte ich Schwester Carlota nach der Messe durch das Gitter, die ich rasch als auskunftsfreudiges Mitglied der Gemeinschaft kennen gelernt hatte. Der sei vor fünf Tagen plötzlich mit 92 Jahren gestorben, sagte sie. „Er war ein guter Mann aus Kroatien. Die Advocata hat er sehr geliebt." Wie hieß er denn, fragte ich Schwester Carlota. „Don Simeone", seufzte sie. Den kroatischen Nachnamen habe sie sich nie merken können.

Mir war, als hörte ich noch einmal seine Stimme, und wie er das Evangelium vorlas, in dem er mir Jesus Christus noch einmal als ein Zeichen vorstellte, dem widersprochen wird und durch den die Gedanken vieler Menschen offenbar werden. Da war in diesem kosmischen Spiel, in dem der Kreuzbube alle anderen Karten und Bilder ausstach, die Anwältin schon komplett zu meiner Herzdame geworden. Sie braucht keinen zu stechen oder auszustechen, weil ihr Sohn, der Kreuzbube, ja schon den Tod selbst ausgestochen hat.

Salesia

Handgeschriebene Broschüre Salesia Bongenbergs aus dem Jahr 1993, mit einem ersten Foto der Herbeigerufenen, der Advocata im Innenteil.

Dass Salesia Bongenberg meine Herzdame nie gesehen hat, die mich mit ihrer Schrift von 1993 aus dem fernen Fulda gleichsam in Rom an die Hand genommen und zu ihr geführt hatte, sagte ich schon. Auch sie selbst habe ich, wie schon gesagt, nie gesehen und bis heute kein Foto von ihr. Sie war auf den Namen Gertrud-Maria getauft und hatte bei ihrem Eintritt in den Orden der Schulschwestern der heiligen Maria Magdalena Postel den Namen Salesia angenommen, wohl aus Verehrung für Franz von Sales, den Patron der Journalisten und Publizisten, weil auch sie selbst ein enormes Bedürfnis nach Ausdruck in sich verspürte, was bei ihrem abenteuerlichen Leben nicht verwundern kann.

Vielleicht war sie ja auch von der Beziehung des heiligen Bischofs zu dessen Herzensfreundin Franziska von Chantal fasziniert, und von dem Briefwechsel der beiden, die als große Korrespondenz geistlicher Literatur in die Geschichte eingegangen ist. Ich weiß es nicht. Inzwischen weiß ich aus ihren Schriften nur, sie war 22 Jahre lang im Kloster, neun Jahre Kunsterzieherin und vier Jahre Sozialpädagogin für Frauen in Hamburg, wo sie in einem der Freudenhäuser der Damen der Reeperbahn lebte. Danach war sie rund zwanzig Jahre Haushälterin von Monsignore Josef Peters, dem Spiritual des Priesterseminars in Fulda, dessen Tod am 20. Juni 2003 sie fast aus der Bahn geworfen hatte. All dies und mehr erfuhr ich, als ich sie erstmals anrief, nachdem ich die Advocata entdeckt und ihr eine CD mit Fotos geschickt hatte. Dabei erinnerte mich ihre „Intensität“ schon bald an Hilde

Zaloscer, die mir 25 Jahre zuvor von der „Intensität" als dem Stichwort ihres Lebens erzählt hatte, mit dem die junge Jüdin aus Wien in den 20er Jahren des 20. Jahrhunderts auf der Ladefläche eines LKW Baalbek entdeckte und erkundete.

Salesia Bongenberg hingegen hatte Jahrzehnte damit verbracht, nach dem Ursprung aller Marienikonen zu suchen. Die begabte Zeichnerin war umfassend gebildet und mit ihrer Kamera und ihrem Zeichenstift weit gereist auf der Suche nach dem innersten Geheimnis der Marienikonen, von Kiew und Smolensk bis zum Berg Athos und nach Kreta, Zypern, Patmos oder anderen Inseln sowie zum Antoniuskloster in Ägypten, dem Katharinenkloster im Sinai, dem Sabbaskloster in Palästina oder der Kathedrale von Etchmiadzin in Armenien. Von überall hatte sie Fotos mitgebracht für ihre Publikationen, und meisterhafte kleine Skizzen. Fünf dieser Bücher habe ich jetzt noch in meinem Regal. Auch bei den enkaustischen Wachsporträts aus der Oasenstadt Fayum kannte sie sich gut aus, vielleicht aus demselben Buch, das mich mit meinen Fragen schon 1988 nach Wien geführt hatte.

Über die Advocata auf dem Monte Mario schrieb Salesia schon 1993 drei und 1997 zwei kundige Seiten. Nachdem ich sie endlich im Telefonbuch gefunden und den Kontakt zu ihr aufgenommen hatte, lernte ich sie schnell nicht nur als eine geistreiche und hochintelligente Person kennen, sondern auch als leicht überspannte Dame mit gewissen Auffälligkeiten. Zunächst irritierte mich am meisten, dass sie all ihre „Bücher" in den Jahren 1987, 1993, 1995 und 1997 in ihrer eigenen klaren Handschrift setzen und drucken ließ.

Da ist die Lektüre eines ganzen Buches allerdings auch bei der schönsten Handschrift mühsam, um wenig zu sagen. Tatsächlich macht der Handschriftspleen eine normale Lektüre dieser Schriften fast unmöglich, und auch die Durchwobenheit ihrer Texte mit Theologie und kunsthistorischen

Hypothesen. Zusammen genommen bilden ihre Schriften jedenfalls ein einziges kunterbuntes Durcheinander, wo sich die Autorin auch immer wieder als Opfer vieler Verwirrungen der Kunstgeschichte zu erkennen gibt, was die frühen Bilder und Ikonen angeht. Keine Theorie, die sie nicht zitiert, keine Ikone, und sei sie noch so entlegen, die sie nicht kennt, zumindest dem Namen nach, auf griechisch, syrisch, lateinisch. Sie war zu gebildet, um einfache Fragen zu stellen und hatte Jahrzehnte lang nur gesucht, was ich auf ihren Spuren gefunden hatte.

Wer will sich da ihre Aufregung nicht vorstellen können und dass ihr mein erster Anruf halb überirdisch vorkam, nachdem ich ihr erste Fotos geschickt hatte? Sie war außer sich und schrieb mir zu Ostern 2006: „In Russland wird die Auffindung einer in Gefahrenzeiten versteckten Ikone als Fest der Erscheinung gefeiert und im Abendland haben viele Marienwallfahrtsorte ihren Ursprung durch die unwahrscheinliche Entdeckung eines Muttergottesbildes".

Doch sie war einfach zu anstrengend, auch mit vielen Widersprüchen, von denen mir jetzt noch bei der Lektüre ihrer handgeschriebenen „Bücher" und Briefe schwindlig wird. Ich bin vor dem Austausch mit ihr schon bald geflüchtet, auch vor einer gewissen Urgewalt, die ich jetzt auch noch ihren 16 Briefen entnehme, die sie mir bald nach unserem ersten Telefonat schickte, mit eng beschriebenen Seiten in ihrer schönen Handschrift – mit Fragmenten einer Poesie darin, die an den blinden Seher Jorge Luis Borges aus Buenos Aires erinnern, wenn sie etwa am 5. März 2006 in einem ihrer „Briefe" schreibt: „Ich hatte Deinen Stern gesehen, Pan-Hagia, und begann Deine Diener zu fragen: Wo sind die sieben Lukasikonen Roms? Sie wussten es nicht. Von Deinem Bildnis stand nichts in ihren gescheiten Büchern. Deine Söhne sind Schriftgelehrte geworden, Buchstabentreue.

Sie haben keine Kinderaugen mehr, die das WORT in Bildern und Gleichnissen schauen."

Selbst hatte sie die Advocata nie original gesehen, doch ich traue meinen Augen kaum, wenn ich lese, was sie wie eine sehende Blinde schrieb: „Ihr Antlitz ist in reinem Neugeschaffensein. Das Faszinierende ist aber ihr doppelter Blick. Das heißt, das rechte Auge mit der Pupille am Lid sollte aufwärts schauen, das geschieht aber nicht. Sondern sie blickt ziellos und sinnenverloren über alle Weltenräume und Erdenzeiten hinweg. Dieses Auge hat den Fernblick. Das linke andere hingegen schaut direkt und nah und wach auf den Betrachter. Die Pupille gibt die Blickrichtung an. Du erlebst vor ihr ein solch intensives Angesehensein, dass die verschiedenen Augen nicht einmal die Ästhetik stören. Die Advocata strahlt eine derart ursprüngliche Lebendigkeit aus, dass sie zu atmen scheint."

Das schrieb sie 1997 und das lese ich erst jetzt, Jahrzehnte später. Am 4. Juli 2006 schrieb Sie mir: „Seitdem ich Ihr Foto vom Antlitz der Advocata beim Aufblicken wie einen Gesprächspartner beim Mahlhalten anschaue, habe ich mich oft gefragt: Was stimmt da nicht? Vorgestern sah ich es: Das Licht kommt von innen! Die Pupillen haben keinen Lichtpunkt als Reflex innerweltlicher Lichtquelle, die das Auge lebendig schauen lässt. Ohne Spiegelung des Lichtes ist das Auge starr und tot. Die Augen der Advocata schauen aber intensiv lebendig, warmherzig von innen her. So wie die Brauen nicht aus Härchen gezeichnet sind, haben die Augenlider auch keine Wimpern. Das Antlitz der Advocata ist eben nicht natürlich aus Fleisch und Blut, sondern es tritt aus dem Licht Gottes in Deinen Blick. Sie erscheint für Dich, ihr inneres Licht erleuchtet ihr Gesicht. Nun schaue ich das LICHT."

Da hatte sie aber auch selbst schon lange keine „Kinderaugen" mehr, sagte ihre Schwester Katharina im Rückblick, als sie mir am 18. Juni 2022 am Telefon in Fulda von Salesias einsamem Tod mit 83 Jahren am 2. Februar 2015 berichtete. „Keiner war ihr gewachsen, sie war ein Genie", fügte die Schwester neidlos hinzu. „Sie dachte immer voraus. Wenn Du bei A warst, war sie schon bei Z. Ihr standen immer alle Türen offen! Doch es war eine Gratwanderung zwischen Hochbegabung und Wahn", auf der sie sich schließlich für eine Art eremitischer Einsamkeit entschieden habe, in die ihr keiner mehr folgen konnte.

Sie weinte leise am Telefon, als ich das letzte Mal mit ihr sprach. Doch ich konnte ihr nicht helfen. Sie hatte verlangt, ich müsse sie besuchen kommen und mit ihr ein Buch darüber schreiben, dass die Advocata „nicht von Menschenhand geschaffen" und wohl ursprünglich zusammen mit der Ikone „Salus Populi Romani" aus der Basilika Santa Maria Maggiore eine Einheit gebildet habe, die als „Lyddische Ikone" nach Rom gekommen sei. Das sei aber ganz unmöglich, hatte ich geantwortet.

Außerdem, sagte ich ihr, habe ich einen anstrengenden Beruf und könne über meine Zeit nur begrenzt verfügen. Sie wollte es nicht hören. Doch vor allem wollte ich ihren besitzergreifenden Griff in mein Leben nicht mehr zulassen. Ich wusste, dass sie ein wenig mit der russischen Figur einer heiligen Närrin kokettierte, doch ich hatte keine Puste mehr für dieses halb heilige, halb närrische Theater, während ich weiter an meinem ersten Bericht über die Advocata für die WELT arbeitete, von der ich die Heimatredaktion wieder einmal nur mühsam überzeugen konnte. In meinen Bericht nahm ich sie und ihre Lydda-These deshalb als eine letzte dankbare Ehrbezeugung zum Abschied auf. Es war ein Fehler, der später leider zu einiger Verwirrung führte, weshalb ich ihn in diesem Buch auch korrigieren muss. Mit der Lydda-Legende hat die Advocata nichts zu tun.

Doch „Bongenberg? Salesia Bongenberg? Ist das nicht die verrückte Nonne aus Fulda?", fragte mich Kardinal Meisner aus Köln, als er mich später einmal anrief und ich ihm von der Advocata und von ihr erzählte. Da wollte ich ihm nicht wirklich widersprechen, sagte aber: „Eminenz, ich weiß, was Sie meinen. Doch sie ist wohl auch eine Seherin."

Johannes

„Das wahre Bild" Hans Beltings, quasi die „Summe" des gelehrtesten Kunsthistorikers des letzten Jahrhunderts aus dem Jahr 2005

Auch Johannes habe ich nie gesehen, der Salesia auf merkwürdige Weise glich, zumindest für mich, in einem paradoxen Spiegelbild. Und ich werde ihn auch nicht mehr kennenlernen. Er war am 7. Juli 1935 geboren und ist am 10. Januar 2023 gestorben. Doch im Gegensatz zu Salesia genügt heute ein Klick bei Google, um im Handumdrehen zahllose Fotos von Salesias gelehrtem Gegenspieler abzurufen. Denn Johannes Belting, genauer Prof. Dr. Hans Belting, den ich oben schon erwähnt habe, galt als „Bilderpapst". Er hatte Ehren über Ehren auf sich gehäuft und bahnbrechende Arbeiten über die Welt der Ikonen und Bilder vorgelegt und eine beeindruckende Bibliographie in besten Verlagen mit internationaler Anerkennung. Die Liste seiner Auszeichnungen ist ehrfurchteinflößend. Vielleicht hat keiner im letzten Jahrhundert mehr über Bilder geforscht als dieser ausgezeichnete Wissenschaftler aus dem Römerstädtchen Andernach am Rhein.

Doch während Salesia Bongenberg von der Madonna, deren Ikonen sie überall suchte, nie anders und vollkommen „distanzlos" – wie ein Psychiater diese Haltung wohl nennen würde – von der „allheiligen und seligen Jungfrau" denken konnte, näherte sich Hans Belting denselben Bildtafeln, die er in den Jahren von 1966 bis 1972 als wissenschaftlicher Mitarbeiter der Bibliotheca Hertziana entdeckte, eher mit dem kühlen Blick eines Pathologen. Bei diesen Streifzügen durch Rom lernte er auch die Advocata kennen, die er damals so hellsichtig wie kühn als ein „Sinnbild der Freiheit“ wahrnahm.

Im letzten Jahrhundert hat aber überhaupt wohl kein Forscher mehr die überwältigend schöne Bilderwelt der Christenheit erforscht als Hans Belting. Er hatte Genie. Und wie kaum einem Bischof in Europa war ihm im Lauf seiner Studien bewusst geworden, dass in der Mitte des Universums christlicher Bilder seit alters her ein legendäres „Echtes Bild“ thront, von dem es in Dantes „Göttlicher Komödie“ schon im Jahr 1320 am Ende hieß, dass dieses Bild das Gesicht der Liebe sei, das „die Sonne und alle anderen Sterne“ bewegt. Da wird es auch ihm natürlich nicht entgangen sein, wie ich im September 2004 eine ganze Seite in einer der drei führenden überregionalen Tageszeitungen Deutschlands seinem Lebensthema widmete, auch wenn ich das Stück als Reporter und nicht als sein Fachkollege veröffentlicht hatte. Es war ihm auch nicht entgangen. Er fürchtete allerdings, gestand er damals freimütig dem Kölner Maler Ulrich Moskopp, dass er womöglich nichts mehr schreiben könne, wenn er das wieder gefundene Heilige Gesicht in Manoppello aufsuchen würde. Doch 2005, ein Jahr später, antwortete der Gelehrte auf mein Buch schon mit einem neuen Buch aus seiner Feder unter dem Titel „Das echte Bild“, wo er mich und meine Arbeit und Entdeckung natürlich mit keinem Wort erwähnte. Deshalb zierte den Umschlag auch nicht etwa ein aktuelles Foto des „Volto Santo“, sondern ein Gemälde Francisco de Zurbaráns aus dem Jahr 1631, einem Zeitpunkt also, als das „wahre Bild“ schon seit über hundert Jahren den Blicken aller Pilger und Besucher Roms entzogen war. Als Untertitel dieses Buchs hatte Hans Belting die scharfsinnige Zeile gewählt: „Bildfragen als Glaubensfragen“, wobei agnostischer Unglaube für ihn selbst eine „conditio sine qua non“ seiner Arbeit und seines Lebenswerks war. Es war die Vorbedingung all seines Forschens.

So wundert nicht, dass es in diesem Werk auf Seite 63 auch bis jetzt kategorisch heißt: „Hätten sich die frühen Christusbilder erhalten und stünden sie für wissenschaftliche Untersuchungen heute zur Verfügung, wären auch sie als Fälschungen entlarvt worden."

Im September desselben Jahres erschien freilich zum „wahren Bild" in Berlin ein Buch aus meiner Feder mit dem poetischen Titel „Das Muschelseidentuch", das der Ullstein-Verlag dem Werk gegeben hatte. Darin legte ich auf vielen Seiten dar, dass keine einzige wissenschaftliche Untersuchung diesen Bildschleier bisher als Fälschung hatte entlarven können. Gleichzeitig ließ Papst Benedikt XVI. ankündigen, so bald wie möglich nach Manoppello zu kommen – in der ersten frei gewählten Reise seines Pontifikats innerhalb Italiens.

Und erst als ich an diesem Buch über das älteste Bild Marias arbeitete, kam ich endlich dazu, auch das epochale Standardwerk Hans Beltings aus dem Jahr 1990 wirklich zu studieren. Es trägt den klugen Titel: „Bild und Kult – Eine Geschichte des Bildes vor dem Zeitalter der Kunst". Danach darf ich neidlos sagen und zugeben: Mit diesem Band in der Hand hätte ich viele Wege auf meiner Suche nach dem ältesten Bild Marias dramatisch abkürzen können, gerade in Rom. Die Detailfreude, der Einsatz und Fleiß des Forschers sind hinreißend. Dem Thema der Lukas-Ikone im Allgemeinen und der Bildtafel auf dem Monte Mario im Besonderen widmete Hans Belting fast das ganze 15. Kapitel seines gelehrten Standardwerks mit vielen erhellenden Gedanken und offensichtlich auch mit persönlichen Beobachtungen, wie sie Reportern gut anstehen, doch bei Wissenschaftlern seines Kalibers nicht unbedingt zu erwarten sind.

Ihm war – wie Salesia Bongenberg – völlig bewusst, dass sich die ältesten Bilder Mariens nicht etwa im Raum der orthodoxen oder orientalischen Kirchen befinden, sondern im

Westen in Rom, wo sie vor den Bilderstürmern des Ostens gerettet wurden. Wer zu deren rätselhafter Wut Genaueres wissen will, sollte Beltings Werk zur Hand nehmen. Denn der „Krieg der Karikaturen", der im September 2005 mit einer Karikatur des Propheten Mohammed in der dänischen Tageszeitung „Jyllands-Posten" begann und am 13. November 2015 im Bataclan-Massaker von Paris gipfelte, war trotz der bestürzenden Zahl seiner Opfer nur eine schwache Reprise früherer Bilderstürme.

Der originale Bildersturm vor 1300 Jahren hatte Rasereien entfesselt, denen Tausende zum Opfer fielen, jedoch aus der Hand von Christen, nicht von Muslimen. Kern des Konflikts war immer die Frage, ob es Bilder geben dürfe, die Gott und seine Mutter abbilden, oder gar alle beide. Unzählige Ikonen sind in diesem Kulturkampf zerhackt und verbrannt, ihre leidenschaftlichsten Verehrer verbannt, gefoltert, ermordet worden. Viele dieser Opfer werden in der orthodoxen Welt als Märtyrer verehrt. Berüchtigt bleibt im Osten deshalb bis heute auch noch Kaiser Leo III. (685-741) „der Syrer (oder Isaurier)", der um das Jahr 730 befahl, alle Ikonen im Byzantinischen Reich zu zerstören, um den christlichen Kult „zu reinigen".

Mit diesem Vorhaben kamen Leo und die nachfolgenden Kaiser, die den Bildersturm erneuerten, ziemlich weit. Im Osten haben deshalb nur ganz wenige Ikonen und Wandmalereien aus frühbyzantinischer Zeit überlebt, darunter die ältesten frühchristlichen Ikonen im Katharina-Kloster im Sinai (wo ausgerechnet der Islam die Ikonen mit einem territorialen Riegel durch die arabische Wüste vor dem Vernichtungsrausch der Byzantiner schützte) und eben in Rom, wohin einige der prominentesten von ihnen auf großenteils ungeklärte Weise gelangt sind. Rom ist einer der wenigen Orte neben dem Sinai, wo sich Ikonen erhalten haben, die lange vor dem Bildersturm der Ostkirche entstanden sind.

So verneige ich mich vor der Arbeit Professor Beltings und kann sie jedem Interessierten nur wärmstens zur Lektüre anempfehlen. Er hat fast alles zu dem Thema und der Bedeutung der Bilder erfasst, allerdings unter der Grundvoraussetzung, dass es sich bei dem Anspruch Christi, die Wahrheit gleichsam zu verkörpern, um die Mutter aller Täuschungen handeln muss. Diese oder überhaupt eine einzige Wahrheit schien für Hans Belting undenkbar. Die Fülle seiner Forschungen ist zum Schwindeligwerden, in der er selbstverständlich auch den Gedanken nie zulassen konnte, dass es ein originales Bild aus der Hand des heiligen Lukas je hätte geben können. Darin wäre ich ihm bis vor kurzem auch selbst gefolgt.

Doch das zentrale Thema von Beltings „echtem Bild" sind nicht die vielen hinreißenden Tafeln der Madonna, die er hier vorstellt, sondern das echte oder wahre Bild ihres Sohnes. Schon im Jahr 1990 hatte er als Titelbild seines Standardwerks das kleine Ölbild der heiligen „Veronika" aus dem Jahr 1470 von Hans Memling aus der National Gallery in Washington gewählt, auf dem die legendäre Veronika eben dieses „wahre Bild" dem Betrachter entgegenhält. Hans Belting schreibt in dem Buch und auf dem programmatischen Klappentext, dass die christliche Religion eine Buch- oder Schriftreligion sei.

Diesem Befund widerspricht das konkrete wahre Bild allerdings sofort. Denn dieses echte Bild sagt zuallererst: Das Christentum ist eine Wortreligion. Gewiss! Aber es ist keine Buch- oder Schriftreligion! Denn das Wort ist Fleisch geworden, wie der Evangelist Johannes zu Beginn seines Evangeliums schreibt. Es ist Mensch geworden. Damit ist es auch Bild geworden. Christliche Religion ist darum zuerst und zuletzt Begegnung. Sie „ist eine Person" wie der greise Johannes Paul II. am 5. Juni 2004 den Jugendlichen in Bern mit letzter Kraft noch zurief: „Es ist eine Gegenwart, ein Gesicht:

Jesus Christus!" Oder wie es später Papst Benedikt in seiner ersten Enzyklika sagte: „Am Anfang des Christentums steht nicht ein ethischer Entschluss oder eine große Idee, sondern die Begegnung mit einem Ereignis, mit einer Person, die unserem Leben einen neuen Horizont und damit seine entscheidende Richtung gibt." Jesus Christus ist der Weg zur Wahrheit, weil er die Wahrheit selbst ist. Die Veronika, das wahre Bild, sagt nichts anderes. Hans Belting war der wohl wichtigste Kunsthistoriker der letzten hundert Jahre. In seinem Meisterwerk aber durfte das wahre Bild im Original nicht vorkommen. Das Zentrum seiner Bilderwelt füllte deshalb in wahrlich paradoxer Theologie ein schwarzes Loch.

Anwältin und Augenweide

Goldene Kreuzblume aus dem 4. Jahrhundert auf der Schulter der Advocata mit der kreuzweisen griechischen Inschrift JC XC und NI KA: Jesus Christus siegt!

Doch zurück zu Maria. Ich hatte nach meiner Entdeckung der Advocata täglich über die immer neuen Kapriolen und Verwerfungen der italienischen Politik zu berichten und über die Reisen Papst Benedikts nach Polen, Deutschland und in die Türkei. Daneben versuchte ich, die Entdeckung auf dem Monte Mario meinen Kolleginnen und Kollegen schmackhaft zu machen, um die Geschichte zumindest für die Weihnachtsausgabe 2006 im Blatt unterzubringen, wenn es denn schon nicht zu Ostern sein sollte. Doch nach der vorherrschenden Meinung der Redaktion sei die Mehrzahl der Leser seit langem nicht mehr an kirchlichen Hochfesten interessiert, hörte ich aus Berlin. Da hatten meine Kollegen wohl recht. Dazu wurde mir an ihren Reaktionen gewahr, dass ihnen meine Entdeckungen wohl generell zu viel wurden. Das konnte ich verstehen. Sie sahen mich nicht als ihren „Indiana Jones" und Kollegen in Rom, sondern eher als weltfremden Sonderling, der sich weigerte, endlich im 21. Jahrhundert anzukommen. Es half nicht, dass Benedikt XVI. schon im Frühjahr 2006 hatte ankündigen lassen, im September Manoppello aufzusuchen, als erster Papst nach über 400 Jahren. Darin sahen sie keinerlei Nachrichtenwert, und es war ihnen ohnehin in der Mehrzahl gleichgültig, was der Papst so alles machte. Mir war es nicht wurscht.

Doch so blieb mir Zeit, die Ikone gründlicher zu studieren, die mich je mehr faszinierte, je öfter ich vor ihr stand. Das aber geschah immer häufiger, weil ich sie unbedingt mit all meinen Freunden teilen wollte, und auch mit manchen Nichtfreunden. Die frühe Stunde der Besuchszeit schreckte mich nicht. Im Gegenteil: Es war immer eine reiche Genugtuung – mehr noch, es war immer das pure Glück, in der Früh mit dem Taxi zum Kloster hochzufahren und später zu Fuß, mit meiner Frau oder anderen Begleitern, über die Via Trionfale in die Stadt hinabzusteigen. Auf der letzten Wegstrecke passierten wir dann immer erwartungsvolle Menschenmassen, die an den Vatikanmauern vorbei in die Museen strömten, um dort deren zahllose Meisterwerke zu bestaunen. In mir hingegen wirkte jedes Mal das Empfinden von Belebtheit und Dankbarkeit nach, dass ich wieder eine Stunde lang Auge in Auge mit der Advocata hatte verbringen dürfen, dem allerschönsten Meisterstück, vor dem Beginn meiner täglichen Arbeit für die Zeitung.

Die Faustregel Hilde Zaloscers, nach der die schönsten Mumienporträts Ägyptens „aus dem 1. Jahrhundert" stammten, hatte ich inzwischen oft durch eigenen Augenschein bestätigen können. Verglichen mit diesen Fayumbildern des ersten Jahrhunderts nach Christus rund um den Erdball aber musste die Advocata mit Abstand als Allerschönste von allen gelten. Sie war die pure Augenweide, indem sie aus einem goldenen Hintergrund hervortrat, den ich auch von manchen der Fayum-Porträts kannte. Doch in ihrem Goldgrund umrahmte ein feiner kreisrunder Doppel-Nimbus aus winzigen Sternen ihr Haupt. Um diesen war noch ein zweiter Kreis aus kleinen Sonnen in das Gold gestanzt, mit der Zirkelmitte dieses „Heiligenscheins" etwa in der Pupille ihres linken Auges. All dies war mit dem bloßen Auge zu erkennen. Doch damals gab es noch keinen einzigen Artikel über sie bei Wikipedia oder sonst wo im Internet.

Ihre beiden Hände waren mit Gold überzogen und zeigten unbestimmt rechts von ihr aus dem Bild heraus in die Höhe, mit der Rechten wie in einer Segensgeste. Aus feinem

Goldblech ist auch eine Art Kreuzblume wie ein Kleeblatt auf ihrer linken Schulter befestigt, aus dem 4. Jahrhundert, wie Professorin Melanie von Claparède mir versicherte. Ein fast unsichtbarer Nadelstich durchbohrt die Mitte, die vier feinste Kreise umrunden. In den Kreuzarmen sind die griechischen Abkürzungen JC XC und NI KA eingraviert: Jesus Christus siegt!

Aber auch seine Mutter siegt. Davon war die Christenheit lange überzeugt. Das galt besonders im Osten, etwa unter dem Schutz der so genannten „Madonna von Konstantinopel". Nach alten Quellen hatte im Jahr 438 Aelia Eudokia, die Gattin des Kaisers Theodosius II., die Ikone von Jerusalem nach Konstantinopel zu ihrer Schwägerin Pulcheria geschickt, als Geschenk für deren Palastkapelle, wo sie bald in den Rang eines Palladiums aufstieg. So hieß in der Antike im Mittelmeerraum der geheimnisvolle Schutzschild vieler Städte.

Und das im Jahr 330 aus dem früheren Byzantion von Kaiser Konstantin neu begründete Konstantinopel war eine ganz besondere Stadt. Der Ort am Bosporus wurde mit dieser Entscheidung zu Ostrom oder zum zweiten Rom. Seit Kaiser Konstantin war die Stadt Hauptresidenz der Cäsaren und Zentrum des römischen Weltreichs. Hier wurde die Ikone bald zur Patronin der Dynastie und der Bevölkerung der Metropole. Kein Wunder, dass der Anspruch, die wichtigste Ikone der Hauptstadt sei vom Evangelisten Lukas selbst gemalt worden, in Konstantinopel kaum je in Zweifel gezogen worden war.

Nach dem Überfall

Stich aus den „Erinnerungen an die S. Lukas zugeschriebene Madonna" von Girolamo Baldassini aus dem Jahr 1776

Es gibt bis heute allerdings eine Reihe von Ikonen in Italien, die beanspruchen, mit eben diesem Gnadenbild identisch zu sein. Griechische Mönche sollen sie in verschiedenen Krisen Konstantinopels auf abenteuerliche Weise über das Meer vom Osten in den Westen gebracht haben, wo sie in jeweils verschiedenen Orten auf wunderbare Weise „gerettet" wurden, etwa in den Städten Bari, Messina, Scanno oder Nepi. Gemeinsam ist ihnen vor allem der Name der „Wegweiserin", als Madonna Hodegetria oder – abgekürzt – Madonna d'Itria. Im Süden Apuliens erinnert das ganze große „Valle d'Itria" zwischen Bari, Tarent und Martina Franca an sie. Es ist kaum möglich, all diese Ikonen einzeln aufzusuchen oder auch nur auseinander zu halten. Dennoch habe ich es bei meiner Recherche nach dem Ursprung der Advocata versucht, etwa in dem Heiligtum der Ikone von Montevergine in Kampanien. Da habe ich aber auch gesehen, dass diese Geschichte ein eigenes Buch verlangt, das andere schreiben müssen, und beschlossen, mich fortan nur noch der Arbeit an diesem Buch zu widmen. Denn alle Autoren von Rang und Namen sind sich ja darin einig, dass die Stadt Rom neben dem Katharinenkloster im Sinai der einzige Ort ist, wo sich die kostbarsten byzantinischen Ikonen erhalten haben, die den Bilderstürmen des Ostens entkommen sind. Wenn das stimmt und Lukas jemals eine Ikone geschrieben oder gemalt haben sollte, musste sie sich aller Wahrscheinlichkeit nach unter diesen befinden, in der Schicksalsstadt Europas und meines Lebens, als mein Schicksalsbild.

Deshalb nahm ich mir hier nun noch einmal die nicht sehr systematischen „Erinnerungen des Klosters der Heiligen Dominikus und Sixtus" vor, in denen eine Schwester Domenica Salamonia im Jahr 1656 aufgezeichnet hatte, was bis dahin unter den Dominikanerinnen über das „allerseligste Abbild der Himmelskönigin, die nach dem Heiligen Lukas benannt ist" als gewiss und verbürgt angenommen wurde. Schwester Domenica Salamonia hatte sich „aus Dank an die Selige Jungfrau für die Heilung ihres linken Beins" an dieses Werk gesetzt, wie sie schrieb, nach einem Sturz, den sie davor erlitten hatte.

Das war 30 Jahre, nachdem die Ikone am 14. März 1641 vom Kapitel des Petersdoms im Vatikan feierlich zur Königin gekrönt worden war. Sehr wach war zu der Zeit auch noch die Erinnerung an den Sacco di Roma. Das war der apokalyptische Überfall entfesselter deutscher und spanischer Landsknechte des kaiserlichen Heeres, deren Anführer Georg von Frundsberg ihnen keinen Sold mehr hatte zahlen können. Danach war die Kriegsmaschine vor Bologna außer Kontrolle geraten. Am 6. Mai 1527 drang die Soldateska in das reiche Rom ein, um Papst Clemens VII. mit seinen Schätzen in ihre Gewalt zu bringen. Die Landsknechte machten die Schweizer Garde Mann für Mann nieder, bis auf 42 Gardisten unter dem Hellebardier Herkules Göldli, die den Papst und das Lichttuch Christi in die Engelsburg retten konnten, machten sich mit Roms Schätzen die Taschen voll und setzten die Schatzhäuser in Brand. Gier war ihr Motor. Es war die Hölle, deren Tore sich auch gegen das Kloster der Advocata an den Caracalla-Thermen öffneten, wo die Nonnen die heilige Ikone in einem Tabernakel verborgen hatten. Es war ein Alptraum. Da trat Schwester Raffaella Colonna den in jeder Hinsicht ausgehungerten Landsknechten furchtlos entgegen und führte sie in die Kirche. Hier aber öffnete sich der Tabernakel plötzlich von selbst vor ihnen, als sie sich dem Kruzifix näherten, und panisches Entsetzen überfiel die Mordbrenner. Sie rannten davon und ließen sogar die Folterwerkzeuge zurück, mit denen sie sich die Nonnen hatten gefügig machen wollen. Das waren zu der Zeit zweiunddreißig Frauen, die Schwester Salamonia alle einzeln mit Namen aufzählte. Keiner von ihnen wurde auch nur ein Haar gekrümmt, kein einziges ihrer vielen Schmuckstücke, kein Kelch, kein Kreuz, wechselte in Räuberhand.

Das ist die letzte Episode in ihrer Chronik der Wunder, die Salamonia damals als ihre Geschichte der Advocata zu Papier brachte, wo sie auch minutiös beschrieb, wie die Ikone am 8. Februar 1575 in einer feierlichen Prozession zu ihrem neuen Kloster auf dem Quirinalhügel getragen wurde, das den Heiligen Dominikus und Sixtus geweiht war und auf Initiative des Dominikanerpapstes Pius V. eigens für die Ikone und ihre Nonnen errichtet worden war. Genau so detailliert erinnerte sie sich daran, wie über 300 Jahre zuvor der heilige Dominikus die heilige Ikone seinem neuen Orden für immer einverleibt hatte.

Dass es in den „Erinnerungen" Salamonias umso legendärer wird, je tiefer sie in die Geschichte zurückreichen, ist keine Frage. Es ist ein Weg der Erinnerung, dem Skeptiker vor allem zu dessen Beginn nur schwer folgen können. Demnach hätten die „allerseligsten Apostel" selbst dem Evangelisten Lukas nach der Himmelfahrt Jesu auf dem Ölberg im Abendmahlsaal, wo sie sich wieder versammelten, den Auftrag gegeben, die Mutter Jesu zu porträtieren, um ihre sowohl „innere wie äußere Schönheit" für die Nachwelt festzuhalten. Das klingt schön, scheint aber nach allem, was wir über das übergroße Gewicht des jüdischen Bilderverbots wissen, völlig denkunmöglich und unwahrscheinlich. Alle zwölf Apostel waren gesetzestreue Juden, denen nicht im Traum eingefallen wäre, dieses fundamentale Gebot des Gesetzes aus einer bloßen Empfindung heraus zu übertreten – gut 15 Jahre vor dem Apostelkonzil, auf dem ganz neue Weichen gestellt wurden.

Wieder mehr historischen Boden scheint die Chronistin dann mit ihrer Erzählung zu betreten, wenn sie schreibt, dass nicht Lukas, sondern Johannes diese Ikone von Jerusalem in den Westen gebracht habe, zuerst nach Ephesus, von wo sie nach Byzanz gelangte, dem späteren Konstantinopel. Damit kreuzt die Erinnerung andere römische Überlieferungen, wo wir erfahren, dass ein gewisser Tempulus aus Konstantinopel mit seinen Brüdern Servulus und Cervulus in einem griechischen, der heiligen Agatha geweihten Kloster erstmals das Bild der Himmelskönigin in Rom aufstellte. Dieses „Monasterium tempuli" wurde bald zu einer Quelle der Wunder, die sich hier auf Fürsprache der Gottesmutter ereigneten. Das glaube ich gern. Unabhängig von dem, was ich glaube, lässt sich die ehemalige Kirche der heiligen Agatha heute noch bei den Ruinen der Caracallathermen in Rom aufsuchen, die um das Jahr 900 unter Papst Sergius III. (904 – 911) als „Santa Maria in Tempulo" der Gottesmutter geweiht wurde. Sie heißt immer noch Santa Maria in Tempulo, auch wenn unklar ist, ob nun jener griechische Exilant namens Tempulus aus Konstantinopel der entscheidende Pate für diesen Namen war oder Maria.

Agatha hatte im 3. Jahrhundert in Catania in Sizilien den Martertod erlitten. Und wegen einer anderen Kirche, die dieser populären Heiligen in Rom auf der anderen Tiberseite in Trastevere gewidmet war, kam es offensichtlich früh zu Verwechslungen, sodass Schwester Salamonia in ihrer Chronik von 1656 auch schreiben konnte, die Ikone habe sich in Santa Maria in Trastevere befunden, der ältesten Marienkirche Roms. Im Iahr 1991 schrieb Raimondo Spiazzi, der dominikanische Rektor der Basilika von San Sisto, von der „Vewirrung", die mittelalterliche Kopisten verursacht hätten, weil sie oft von „Santa Maria in Trastevere“ anstelle von „Santa Maria in Tempulo“ geschrieben hätten.

In der Basilika „Santa Maria in Trastevere haben unbekannte Hände im Jahr 1140 die erste und älteste Darstellung der Krönung Mariens in einem überwältigenden Mosaik an die Decke der Apsis gezaubert, wo sich die Mosaizisten beim Antlitz Jesu eindeutig dessen wahres Bild in seinem Sudarium aus Sankt Peter zum Vorbild genommen haben. In diesem Gesamtkunstwerk findet sich aber nicht das geringste Echo von den Zügen der Advocata im Antlitz seiner Mutter. Das ist aber völlig undenkbar, wäre sie jemals in diesem Haus gewesen. Und eine Predigtsammlung aus der Biblioteca Vaticana, die um 1100 in der Basilika Santa Maria Maggiore aufgeschrieben wurde, berichtet, die Ikone sei vom Lateran in das Kloster Santa Maria in Tempuli zurückgekehrt. Wahrscheinlich hat Schwester Salamonia dieses Dokument nicht gekannt. Dieser älteren Quelle schließe auch ich mich jedenfalls gerne und vertrauensvoll an.

Der alte Bau des Tempulo-Klosters an den Caracallathermen ist heute schon längst keine Kirche mehr, sondern wird von Roms Stadtverwaltung seit Jahrzehnten als Rahmen für zivile Hochzeiten genutzt. Dennoch ist hier der konkrete Ort, wo die Advocata erstmals in das Licht der hellen und bestens dokumentierten Geschichte getreten ist, als Domingo de Guzman sie am 28. Februar 1221 persönlich aus dieser ersten Unterkunft in Rom in sein neu gegründetes Kloster trug, das Sixtus II. geweiht war, einem Märtyerpapst aus dem 3. Jahrhundert, knapp zwei Steinwürfe weiter, dem die Ikone in den kommenden Jahrhunderten als „Madonna di San Sisto“ ihren Namen verdankte.

Immerwährende Hilfe

Kopie der „Madonna der immerwährenden Hilfe“
aus dem 19. Jahrhundert neben dem Taufbecken des Autors in
der Sankt Anna Kirche in Schaag am linken Niederrhein

Keine vier oder fünf Steinwürfe, sondern rund drei Kilometer entfernt von diesem Ort bei dem alten Circus Maximus, vor den Caracallathermen, wo die Via Appia seit alters her die Stadt verlässt, liegt in Rom auf dem Esquilin-Hügel die Kirche San Alfonso an der Via Merulana, die uns eine Dame aus Rom vor mehr als zwanzig Jahren in Jerusalem auf dem Zionsberg zu unserem Abschied ans Herz legte, um dort die Ikone „der immerwährenden Hilfe" um ihren Beistand aufzusuchen. Das Gotteshaus zwischen dem Lateran und Santa Maria Maggiore sei der Stammsitz des Redemptoristen-Ordens, den der heilige Alfonso Maria von Liguori im Jahr 1732 gegründet hat, und die Ikone habe den Ruf, sagte sie damals, eine Schutzpatronin in jeder Not zu sein.

Ihrem Rat folgten wir schon bald inmitten der Überwältigung aller Sinne durch die alte „Hauptstadt der Welt", und ich erinnere mich gut, wie mich unsere erste Begegnung mit der Ikone ein wenig enttäuschte. „Ach", sagte ich meiner Frau, „die kenne ich, seit meiner Kindheit." Das stimmte. Eine Kopie von ihr hing schon neben dem Taufbecken unserer Pfarrkirche Sankt Anna in meinem Heimatdorf am Niederrhein, und ich sehe das Bild jetzt noch vor mir, in seinem neugotischen Holzrahmen vom Ende des 19. Jahrhunderts, mit fünf rotgoldenen Türmchen, mit denen die Ikone fast in einen kleinen Nebenaltar verwandelt wurde. Ich fand rätselhaft, wie Jesus hier als Junge auf der linken Hand der Gottesmutter wie auf einem bequemen Schleudersitz Platz genommen hatte und seine Hände in die Rechte Marias legte, die sie ihm in der Höhe ihres Herzens hinhielt. Die Mutter in blauem Umhang mit rotem Untergewand hatte den Kopf über seinen geneigt und schaute den Betrachter aus den Augenwinkeln an. Warum dem Knaben eine Sandale vom rechten Fuß abrutschte, habe ich nie verstanden. All dies vor goldenem Hintergrund. Und warum Jesus nicht seine Mutter anschaut, sondern weg nach links blickte, wo ein Engel herangeflogen kam, mit einem Kreuz in seinen verhüllten Händen, das ich jetzt erst wahrnehme. Denn hier stand ich nun in Rom vor dem Original dieser Darstellung, von der ich inzwischen weiß, dass sie aus dem 14. Jahrhundert und von der Insel Kreta stammt. Alles war identisch, bis auf den neugotischen Holzrahmen. Hier hatte die Ikone gar keinen Rahmen und schien nur frei in einem gläsernen Reliquiar über dem Hochaltar zu schweben, in herrlichen Farben. Es war faszinierend.

Noch mehr faszinierte mich aber bald ein Buch aus dem Jahr 1948, gedruckt im flandrischen Löwen mit dem lakonischen Titel „Lukas, der Muttergottesmaler“, das Dirk Weisbrod, ein begnadeter Bibliothekar, entdeckt und Seite für Seite als Freund für mich kopiert und mir zugesandt hatte, nachdem ich ihm von diesem Bild erzählte.

Das Buch war ein echtes Geschenk. Clemens M. Henze hatte das Manuskript dafür im Oktober 1946 abgeschlossen. Der Autor war ein Redemptoristenpater und seine Darstellung war ein Schauspiel, in dem sich das Abenteuer freien Denkens und Ergründens wie in einem Bernstein bestaunen ließ. Ähnliches hatte ich lange nicht mehr gelesen. Kurz nach dem Weltkrieg bewegte sich Henze souverän im Reich jener Quellen, die auch ich oft zu Rate gezogen hatte und er zog immer scharfsinnige Schlüsse daraus. Selbst das ägyptische Mumienporträt jener Dame aus Fayum im Nationalen Archäologischen Museum in Florenz stellte er in seinem Buch vor, deren Anblick auf einer Postkarte mich

1986 zu jener Reportage für das FAZ-Magazin über meine erste Begegnung mit dem Phänomen antiker Wachsmalerei bewegt hatte.

Am faszinierendsten aber fand ich Henzes Ansatz, ganz nüchtern einmal der Frage nachzugehen, ob der Evangelist Lukas wirklich keine Ikone der Gottesmutter gemalt haben könne, nur weil das die einhellige Meinung aller Gelehrten des Westens sei – im Gegensatz zu dem reichen Legendenschatz in Ost und West. Er folgte dem Grundsatz, ob es nicht hilfreicher sei, sich auch in diesem Fall an das Sprichwort anzulehnen, nach dem es dort, wo es Rauch gibt, auch Feuer geben müsse. Mit anderen Worten, dass auch dem Rauch aller Lukas-Legenden das Feuer eines authentischen Ursprungs zugrunde liegen könne.

Dass Augustinus im 5. Jahrhundert in seinem Werk zur Dreifaltigkeit über Maria schrieb: „Ich weiß nicht, wie ihr eigenes Angesicht aussah" (Nescio quomodo faciem ipsius novi), kommentiert Henze lakonisch mit den Worten, der Kirchenlehrer hätte das Gleiche auch über den Ölberg in Jerusalem sagen können, den er ebensowenig gesehen hatte, ohne auch nur im Traum an dessen Existenz zu zweifeln. Über die Existenz oder Nichtexistenz einer authentischen Darstellung Marias zu seiner Zeit sage dieser oft zitierte Satz also nichts aus und er führte weiter aus: „Ehedem war Morgenland und Abendland einig in der Überzeugung, der heilige Lukas sei auch Maler gewesen. Doch während im Abendland eine ungeheure Zahl von Bildern als Lukasbilder bezeichnet wurde und die sich daran knüpfenden Erzählungen meist deutlich den Stempel der Legende tragen, und schriftliche Zeugnisse hierfür in den ersten elf Jahrhunderten, wie es scheint, ganz fehlen, liegen die Dinge im Orient, der Heimat des Christentums und aller etwaigen Lukasbilder, wesentlich anders".

Schon sehr früh, im 2. Jahrhundert, habe zwar ein römischer Künstler ein kleines Fresko Marias mit ihrem Kind an eine Wand der Priscillakatakombe an der salarischen Straße gemalt. Aber nach der Auffassung des christlichen Orients gäben nicht solche Wandmalereien die erste Darstellung Marias wieder, sondern die heilige Ikone. Dieses bewegliche Tafelbild sei aber von vornherein dazu bestimmt gewesen, Gegenstand religiöser Verehrung zu sein, und der erste Ikonenmaler sei kein Geringerer als der Evangelist Lukas. Er habe noch zu Lebzeiten der Gottesmutter in enkaustischer Wachsmalerei ein Porträt von ihr auf Holz gemalt, welches später unter dem Namen Hodegetria eine einzigartige Berühmtheit erlangte.

Es fehlten zwar gleichzeitige geschichtliche schriftliche Zeugnisse, dass der dritte Evangelist Madonnenmaler war, dennoch spreche eine große Wahrscheinlichkeit dafür, dass orientalische Christen im Recht seien, wenn sie bis auf den heutigen Tag in ihrer Liturgie den heiligen Evangelisten und Arzt Lukas auch als Maler verehren, statt – wie im Westen üblich – die Geschichte der Darstellung Marias mit einem unbekannten und recht ungeschickten Maler irgendeines Katakombenfreskos beginnen zu lassen. Auch hier würde gelten: ‚Ex Oriente lux' (Aus dem Osten Licht)! Die Wiege der christlichen Kunst, wie der christlichen Religion überhaupt, stände also im Orient. „Gerade bei einem äußeren Objekt, das dauernd Gegenstand religiöser Verehrung ist, kann der berühmte Name des Urhebers leicht und sicher durch Tradition weitergeleitet werden, auch wenn lange Zeit keine schriftliche Fixierung erfolgt."

Der Autor zitiert danach zahllose Stellen, wo Lukas in der orthodoxen Liturgie als erster Ikonenschreiber Mariens gepriesen wird, bis er schließlich aus dem 9. Jahrhundert eine griechische Predigt von Symeon Metaphrastes über das Gnadenbild einer „Maria Romaia" in eigener Übersetzung vorstellt, wo es heißt: „Nach der Himmelfahrt Jesu malte Lukas, der göttliche Apostel, dessen Lob in der Verkündigung des Evangeliums durch alle Gemeinden geht, vortrefflich in aller Weisheit und Wissenschaft wie auch in der Malerei ausgebildet, auf eine Holztafel das Bild unserer makellosen Herrin und immerwährenden Jungfrau Maria, indem er ihre vollendete Gestalt porträtmäßig wiedergab. Das Bild zeigte sie in Halbfigur; ihr anmutiges und heiliges Antlitz war mehr länglich als rund; die Nase schön, gleichmäßig gebildet und gerade; die außerordentlich schönen Augen waren von fast göttlicher Hoheit erfüllt; die Farbe des Augapfels war dunkel, dunkel auch die Augenbrauen. Die untadeligen Lippen erglänzten in schönem Scharlach. Die Finger jener Hände, die Gott getragen, waren schmal und von entsprechender Länge. Nachdem er das Bild vollendet hatte, brachte er es zum Original, der Herrin und Königin des Weltalls. Sie blickte es an und erinnerte sich jener Weissagung, die sie ausgesprochen, als sie begann, Gott als Frucht ihres Leibes zu tragen: ‚Siehe, von nun an werden mich selig preisen alle Geschlechter', und sagte bescheiden: ‚Mein Gnadensegen sei mit ihm!' Und dieses Wort erfüllt sich dauernd an diesem Bild der reinsten Gottesmutter, indem es immerfort zahllose Zeichen und Wunder wirkt."

Und so weiter und so fort. Wie gesagt, ist es mir persönlich ein Genuss, all dies zu lesen, was der Redemptoristenpater Henze 1946 zu meinem Lebensthema schon zusammengetragen hatte, bevor ich auch nur geboren war. Von ihm selbst habe ich nur noch erfahren, dass er 1880 geboren wurde und im Jahr 1965 starb. Sonst hat er nichts Bemerkenswertes mehr veröffentlicht. Eins aber verblüffte mich am Ende am allermeisten: all diese Beobachtungen haben sich an seiner Betrachtung der Bildtafel entzündet, die heute noch in der Basilika Sant' Alfonso di Ligouri in der Via Merulana über dem Altar hängt, am Sitz des Generalats seiner

Redemptoristen in Rom. Wie gesagt, benutzte er dieselben Quellen wie ich für seine bildhafte Untersuchung. An einer Stelle zitiert er sogar den französischen Dominikaner Berthier, der im Jahr 1889 in einem Aufsatz über die Tafel der Advocata, die sich damals noch neben der Villa Aldobrandini in der Kirche der Heiligen Dominikus und Sixtus auf dem Hügel des Quirinal befand, geschrieben hatte: „Über die sogenannten Madonnen des heiligen Lukas wäre noch ein schönes und interessantes Buch zu schreiben. Es müsste zwischen Original und Kopie, zwischen älteren und jüngeren Bildern unterscheiden und würde so der Kunstgeschichte und der Frömmigkeit einen wertvollen Dienst leisten".

Doch die gelehrte Arbeit des Redemporistenpaters Clemens M. Henze mit seinen wundervollen Argumenten wurde vor allem von der Ikone der kretischen „Madonna von der immerwährenden Hilfe" im Stammhaus der Redemptoristen inspiriert, die er dabei vor Augen hatte. Sie ist wunderschön, doch ein gefühltes Lichtjahr von meiner Herzdame entfernt. Die Advocata, die sich seit 1931 mit ihren Dominikanerinnen auf dem Monte Mario befand, scheint Henze überhaupt nicht aufgesucht zu haben. Es ist mir völlig unergründlich.

Labor der Verwandlung

Dokumentationsfoto vom Zustand der Advocata
vor der Restauration im Jahr 1960

Einen Schlüssel für diese Unerklärlichkeit bietet endlich eine Anfrage im Zentralinstitut für Restaurierungen in Rom, in dem ich mich erkundige, ob ich vielleicht ein hochaufgelöstes Foto vom Zustand der Ikone vor ihrer Restaurierung im Jahr 1960 zugeschickt bekommen könne. Vielleicht hat mir die „Madonna der immerwährenden Hilfe" ja diesen guten Rat gegeben. Gegen eine entsprechende Gebühr sei das kein Problem, erfahre ich auf meine Frage, die umständliche Prozedur einer digitalen Antragstellung ist es aber doch, zumindest für mich. So beschließen wir einen analogen Hausbesuch, vereinbaren einen Ortstermin und suchen Dottore Mauro Riccardi Anfang Mai 2023 persönlich auf, der uns freundlich an der Pforte des Zentral-Labors der Kunstschätze Italiens in Empfang nimmt. Das nationale Forschungsinstitut ist in einem enormen Komplex untergebracht, dessen Vorderfront hinter der frühchristlichen Basilika Santa Cecilia fast die ganze linke Front der Via di San Michele einnimmt, am Rand des uralten Viertels Trastevere, wo es in der Umgebung der Marienbasilika noch Gebäude gibt, die in ihrer Substanz seit dem 4. Jahrhundert durchgehend bewohnt sind.

Das Zentrallabor für die Kunstschätze Italiens in diesem Komplex war einmal ein Gefängnis, erzählt Dottore Riccardi, als er uns durch viele Gänge in sein helles Büro führt, wo ein jüngerer Mitarbeiter schon auf uns wartet und am PC eine kleine Präsentation vorbereitet hat. Neben ihm schaut ein vergittertes Fenster auf die frühlingshelle Stadtmauer der Porta Portese hinaus. Kennt Dottore Riccardi die Ikone denn auch persönlich, nach der wir uns hier erkundigen? Nein, schüttelt der freundliche Mann mit den melancholischen Augen seinen Kopf. „Ich weiß zwar, wo sie sich befindet, weil ich auf dem Monte Mario in der Nähe wohne. Aber das Kloster ist ja fast immer geschlossen."

Schließlich bringt er uns fünf schwere Mappen mit zahlreichen alten Fotos der Advocata an einen freigeräumten Extratisch, wo wir sie in Ruhe studieren können, um zu entscheiden, welche Abbildung wir für unsere Arbeit erwerben möchten. Die umfangreiche Sammlung hat ein gewisses Ehepaar Mora vor, während und nach der Restauration der Bildtafel anfertigen lassen. Alle Fotos sind akribisch durchnummeriert und katalogisiert. Sie sind sämtlich noch in schwarzweiß fotografiert. Farbfotografie war im Jahr 1959 nicht üblich und wenn, dann nicht in heutiger Qualität.

Doch wir sehen jetzt durch die Fotos, dass die Ikone vor ihrer Restaurierung vielfach übermalt und rigoros „ausgebessert" worden war. Selbst die massiven Wasserschäden an den vier Ecken der Bildtafel waren einfach komplett zugegipst und übermalt worden. Die Farben im Antlitz der Madonna scheinen bröckelig, der Ausdruck maßlos traurig – jedenfalls für mich. Meine Frau hingegen war begeistert. „Für mich zeigen diese Fotos eine viel tiefere Ikone!", sagt sie. „Unglaublich schön." Vielleicht hat sie das dritte Auge und sieht etwas, was ich nicht sehe. Denn ich erkenne hier vor allem nur eins: damals war die Ikone eine Ruine.

„Aber ist sie nicht schwanger?!", fragt mein Freund Alan aus Kansas, als ich ihm die Fotos nach Amerika maile. In Rom hatte ich ihn mehrmals auf den Monte Mario mitgenommen. Es stimmt. Der grobe und großzügige Faltenwurf ihres Umhangs lässt kaum einen Zweifel, dass diese Dame guter Hoffnung war. Fast ist es hier, als lege sie ihre Linke schützend auf ihren Leib. Ein unbekannter frommer Maler muss mit seiner Übermalung im Lauf der Geschichte auf nicht allzu sublime Weise ein wenig nachgeholfen haben, Maria im Auge der Betrachter auch wirklich als „Mutter" erscheinen zu lassen! Das zeigt auch ein altes leicht stilisiertes kleines Faltblatt vom August 1931 in Sepiafarben der „wundertätigen Madonna des heiligen Lukas", das meine Frau vor Jahren einmal auf einem römischen Markt erstanden hat. Zur Zeit meiner Geburt war die wahre Advocata, wie wir sie heute kennen, jedenfalls noch vollkommen verborgen. Es war ein anderes Bild. Dass viele sie erst gar nicht aufsuchten und ein solch scharfsinniger Beobachter wie Clemens Henze sie im Jahr 1948 überhaupt nicht erkannte, darf da keinen wundern. Kein Wunder auch, dass sie so lange unentdeckt und unbekannt blieb.

Doch welch ein Weltwunder hat das Ehepaar Mora mit der Rettungsaktion von 1960 aus der vorgefundenen Ruine ans Licht der Welt gezaubert?!

Fingerprint

Die Advocata nach ihrer Restaurierung im Jahr 1960
durch das Ehepaar Laura und Paolo Mora

Diese Restaurierung der Advocata vor über sechzig Jahren förderte zwar nicht den eingravierten Namen des Malers zu Tage, doch andere Erkenntnisse von allerhöchstem Wert. Für ihre Arbeit überführte das Ehepaar Laura und Paolo Mora die Bildtafel am 1. November 1959 vom Monte Mario in die Labore des „Istituto Centrale per il Restauro“ (ICR). Der legendäre Ruf des Ehepaars auf dem Gebiet der Restauration war so groß, dass ihnen noch nach ihrer Pensionierung die Rettung der Bilderschätze aus dem Pharaonengrab der Königin Nefertari, der Gemahlin Ramses II., aus dem Jahr 1255 vor Christus anvertraut wurde. Das Meisterwerk ihres Lebens haben sie aber im Dienst an der Advocata vollbracht, als ich noch ein Kind war und kaum ein größeres Glück kannte, als mit meinen Freunden in den Wäldern hinter unserem Haus von Baum zu Baum zu springen. Mit Pinzette und Pinsel haben die beiden sogar den ganzen Gips fein säuberlich aus dem morschen Holz entfernt, mit dem im Lauf der Zeit die Wasserschäden an allen vier Ecken der Tafel vollgekleistert und übermalt worden waren. Als die gereinigte und restaurierte Bildtafel am 28. Juni 1960 wieder zurück an ihren alten Platz ins Kloster kam, feierten die Nonnen dieses Ereignis wie eine Verklärung der Ikone. Auch Roms verwöhnte Kunstkenner waren von dem Ergebnis vollkommen verblüfft, um wenig zu sagen. Es war ein Triumph und eine Sensation vor dem Zeitalter der Sensationen.

Denn nun erschien die Madonna ganz und gar nicht mehr schwanger (was ihrem Alter sowieso nie entsprochen hatte), sondern auf einer dünnen beschädigten Holztafel in Anbetungshaltung mit nach rechts gekehrtem Körper, über dem sie uns ihr Antlitz frontal zuwendet. Der Kopf war ganz in Wachsfarben ausgeführt, nach der Technik der ägyptischen Mumienbilder des ersten Jahrhunderts nach Christus. Vieles war durch und durch rätselhaft. Doch es war bleibend, was die Meisterhände der Moras mit höchster Sachkenntnis und Vorsicht im Jahr 1960 aus dem Zustand der Ikone hervorgezaubert hatten. Das vom Wasser beschädigte Holz ließ eine Altersbestimmung ohne Beschädigungen des kostbaren Bildes nicht zu. An einer dendrochronologischen Untersuchung der verschiedenen Baumringe, mit denen sich das Alter bestimmen lässt, war 1959/60 noch kein Mensch wirklich interessiert. Und noch weniger war eine Untersuchung des Holzes mit der C14- oder Radiokarbonmethode in dieser Zeit ein Thema, die erst 1988 im Zusammenhang mit dem Grabtuch Christi plötzlich in aller Munde war. Keiner gab solche Untersuchungen je in Auftrag. Denn im Gegensatz zu der weltberühmten Reliquie aus der Königskathedrale der Savoyer in Turin, die einen gekreuzigten toten Mann mit Verletzungen einer Dornenkrone zeigt, handelte es sich in diesem Fall doch nur um eine unbekannte Ikone aus einem kleinen Nonnenkloster am Stadtrand Roms. Da interessierte die Frage nach ihrem konkreten Alter offensichtlich nur ganz am Rande. Autor: *ignoto* (unbekannt), heißt es nur knapp in dem Untersuchungsbericht. Und zur Datierung ebenso vage wie offen: „Vor Sergius III“. Dieser Papst war von 904 bis 911, im „saeculum obscurum“, dem dunklen Zeitalter, Bischof von Rom.

Die Platte selbst war 70,0 cm hoch und 40, 5 cm breit, an den vier Ecken fast verrottet, doch mit einer Stärke von nur 4 bis 5 Millimetern außerordentlich dünn. Röntgenaufnahmen sind unmöglich, weil die Ikone auf der Rückseite durch eine Kupferplatte stabilisiert und gesichert wird, was auf der Vorderseite der Farbauftrag besorgt. Die Forscher vermuteten Lindenholz. Sicher waren sie sich nicht. Doch vier Millimeter Stärke für die recht große Tafel! Das muss man sich einmal vorstellen! In ihrem heutigen Rahmen sieht sie massiv aus. Tatsächlich ist sie aber ein höchst zerbrechliches, kostbares und verletzliches Etwas. Sicher wurde diese Tafel niemals dem Tisch der Heiligen Familie entnommen und auch keinem anderen Tisch. Es ist allein ein Wunder, dass sie viele Jahrhunderte im Grunde unverletzt überlebt hat.

Wie eine Offenbarung muss den Experten des Zentralinstituts jedenfalls das Ergebnis der Arbeit der Moras vorgekommen sein, die auf der Vorderseite freigelegt hatten, was vom Original unter allen Übermalungen noch übrig war. Sie war mindestens zweimal übermalt worden, bis auf das Gesicht Mariens, das nach seiner Entstehung kein anderer Pinsel mehr berührt hatte. Es ruhte in Wachstechnik auf einer Gipsgrundierung, die von der oberen Tafelkante bis zum Zeigefinger der linken Hand hinunterreichte und bis zur rechten Hand, die in ihrem Zeigegestus aus dem inneren Bild hinaus in den flaschengrünen Rahmen hinein reicht. Die Hände zeigen also in eine andere Richtung als ihr Blick, der dem Betrachter zugewandt ist. Die rechte Hand wurde früh in Goldblech eingesetzt, später wurde auch die fleischfarbene Linke mit Gold überzogen, die zuerst gemalt war. Bei der Freilegung des mittelalterlichen Mantels in Temperafarbe wurde festgestellt, dass dafür das ursprüngliche Maphorion des Originals entfernt worden war. Das Ehepaar unterschied unter den Farbpigmenten neben dem Gold roten Farblack, gelben Ocker, grüne Kupferresinate, Holzkohlenschwarz, Bleiweiß und Lapislazuli, und den Gebrauch verschiedener Pinselstärken von 3 mm bis zu 0,6 mm. Die Farbmischungen aus Ocker und Rosa für die zarten Töne der Haut wurden oft kreuzweise in Schichten aufgetragen zur Erzeugung einer unvergleichlichen Transluzenz. Zuletzt wurden die Schatten der Nase und der Lidfalten braunrot nachgezogen und blaugrün vertieft. Blau sind auch die Augäpfel schattiert, die Pupillen schwarz, ohne Lichtpunkte. Einen etwa einen Zentimeter breiten weißen Farbrest oberhalb des Farbauftrags am Inkarnat des Daumens der linken Hand deuteten die Restauratoren so, dass die Madonna hier ursprünglich eine „Mappula" in der linken „Herzenshand" gehalten habe, also ein Tüchlein, das auch als „Manipel" oder „Sudarium" bekannt ist.

Welchen Sinn kann dieses Tüchlein auf diesem Porträt in ihrer Hand gehabt haben? Wenn wir dazu den Ausdruck der Advocata befragen, kann es kein Attribut der Trauer gewesen sein, wie wir es von vielen Darstellungen der heiligen Monika kennen, wo das Tüchlein immer an die vielen Tränen erinnert, die sie für ihren Sohn Augustinus vergossen hat, wie wir aus seiner Biografie wissen. Die Advocata weint nicht, zumindest nicht mehr. Trauer ist nicht ihr Wesensmerkmal. Sie ist keine schmerzensreiche Mater Dolorosa. Was sie wie keine sonst ausdrückt und vermittelt, ist ihre Gelassenheit. Dieser Schleier in Marias Hand gehörte jedenfalls zum ursprünglichen und originalen Bildbestand. Am Ende ihrer Arbeit haben die Restauratoren die Farbreste vom Rest dieses Tüchleins wie vorher mit einer Goldfolie bedeckt. Seitdem ist es dem normalen Auge wieder verborgen.

Wie Fotos vor und nach der Restaurierung aber zeigen, trat bei ihrem Abschluss eine Erscheinung zutage, die viele Kunstkenner in maßloses Staunen versetzte. Dazu gehörte auch Carlo Bertelli, der 1961 den ersten Bericht über die Restaurierung verfasste. Der Gelehrte war einer der führenden Kunstexperten Roms, dem später die Pinacoteca di Brera in Mailand anvertraut wurde. Das ist eine der wichtigsten Kunstsammlungen des an Kunst so überreichen Italien. In seinem Untersuchungsbericht wurde der nüchterne Mann enthusiastisch wie ein junger Liebhaber, was er mit seinen damals 31 Jahren wohl auch im Wortsinn noch war.

Seine wissenschaftliche Vorgabe war die Darstellung der Untersuchung einer römischen Ikone aus dem Mittelalter. Doch seine Wahrnehmung sprengte diesen Ansatz in fast jedem zweiten Satz seiner Expertise, wo er das „Geheimnis wahrer menschlicher weiblicher Schönheit von ergreifender Melancholie" pries, die nirgendwo sonst im Mittelalter zu finden sei. Deshalb vermute er eine Herkunft aus der Heiligen Soros-Kapelle in der Panagia Blachernai Kirche in Konstantinopel. Sie sei wohl die legendäre „Hagiosoritissima" aus dem Osten oder zumindest eine frühe Kopie davon. Sie sei jedenfalls „ganz und gar das Porträt einer wirklichen menschlichen Persönlichkeit", halte Kontakt mit dem realen Modell und mit einer „Existenz in einem anderen Leben" in der „Darstellung einer himmlischen und sterblichen Kreatur". Die Partie des Gesichts sei als ein Akt des Respekts vor allem deshalb nie übermalt worden, weil dieser Teil wohl schon immer dem heiligen Lukas zugeschrieben wurde, als eine „Wachsikone voller Heiligkeit", von der es in den Akten des II. Konzils von Nicäa heißt, Johannes Damaszenus habe sie wie kein anderes Heiligenbild geliebt. Dieses Konzil bei Iznik in der heutigen Türkei war jene Versammlung von 350 Bischöfen, die im Jahr 787 im großen Bilderstreit der Antike einstimmig wichtigste Beschlüsse über die angemessene Verehrung der Bilder gefällt haben.

Die Advocata sei eine „interaktive Gebetsikone" zwischen dem Bild und dem Betrachter, dem sich Maria hier direkt zuwende, hieß es bei Bertelli weiter. „Sie schaut ihn an, sie hört ihn an, auf eine höchst intime und subtile Weise". Tatsächlich war es eine neue Erfahrung, die ich fast fünf Jahrzehnte später im Jahr 2006 in dem Rosenkranzkloster machen durfte – und seitdem bis heute immer wieder neu.

Denn ein Wunder, das auch mir als Laie so viel später sofort auffiel, war es ja, dass das intakte Fragment vom Antlitz der Madonna in gewisser Weise die unverletzte Mitte der Ikone war, die all ihre Beschädigungen nahezu makellos überlebt hatte. Alles um diese Mitte herum war ungewiss, wie die Spekulationen um ihr Alter, die sich zum großen Teil auf Nebensächlichkeiten gründeten.

Den Namen des Urhebers der Ikone vom Monte Mario hingegen hatte das Ehepaar Mora im Jahr 1960 bei der Rettung der authentischen Reste des Originals nicht zu Tage fördern können, dafür in gewisser Weise aber einen unverwechselbaren Fingerabdruck. Das ist ihr Gesicht. Alles andere kam später, wie der so genannte Nimbus, der zirkelrunde Heiligenschein Marias, für den spätere Mitarbeiter diesem kostbaren Bildnis ihren Zirkel am linken Auge der Muttergottes eingesetzt haben, gerade oberhalb ihrer Pupille. Das wäre dem Urheber der Ikone sicher im Traum nicht eingefallen. Und eben der Rest eines ursprünglichen Schleiers in der linken Hand zählte noch zum „Fingerabdruck" vom Original der Advocata. Das ist ein knapp ein Quadratzentimeter großer, weißer Farbfleck an ihrem linken Daumen, den seit 1960 wieder ein Goldblech vor unseren Blicken verbirgt. Doch er ist da, und er ist wesentlich zum Verständnis dieser himmlischen Ikone!

Das Fest der Anwältin und Wege und Spuren der Ikone in Rom

Die Bildtafel der Advocata aus dem Jahr 48 nach Christi Geburt in den Maßen 70,2 x 40,68 cm

Die Ikone der Advocata hat im römischen Kalender Jahr für Jahr am 27. Juni einen eigenen Festtag, als wäre das Bild kein Objekt, sondern eine Person.

Dieser Ehrentag wird jedoch als „Fest der Übertragung" (Festa della Traslazione) gefeiert und nicht als „Fest der Anwältin". Den Namen begründete Schwester Domenica Salamonia im Jahr 1656 in der Chronik ihres Klosters mit der Übertragung der Ikone von Jerusalem zuerst nach Konstantinopel und dann nach Rom, wo Domingo de Guzman, wie der heilige Dominikus mit seinem spanischen Namen hieß, sie am 28. Februar 1221 in der Kirche Santa Maria in Tempulo in seine Hände nahm, um sie von dort in sein neues Kloster San Sisto zu tragen.

Einundachtzig Jahre vor dem Bericht Schwester Salamonias hatte Papst Gregor XIII. dann eine neue Übertragung der Ikone auf den Quirinalshügel in das neue Kloster „Santi Domenico e Sisto" verfügt, das Pius V. eigens für die Nonnen und das Gnadenbild dort eingerichtet hatte, von wo die Dominikanerinnen am 14. August 1931 schließlich mit all ihren Reliquien in das Rosenkranzkloster auf den Monte Mario übersiedelten.

Der Zustand des Unterwegsseins von einem Ort zum anderen gehörte in gewisser Weise also schon zur Natur dieser Fürsprecherin, als die Ikone einen Tag nach ihrem Fest am 28. Juni 1960 aus dem Zentralinstitut der Restaurierung in Trastevere in Rom ein letztes Mal in das Rosenkranzkloster zurück übertragen wurde, mit dem strahlend neuen Glanz ihres Ursprungs in Jerusalem, wo sie im Jahr 48 das Licht der Welt erblickt hatte.

3 Ursprung: Blick vom Turm der Abtei der Entschlafung Mariens in Jerusalem auf den Komplex des „Coenaculum", wo Jesus von Nazareth mit seinen Aposteln das letzte Abendmahl feierte. Gut fünfzig Tage später fand hier das erste Pfingstfest statt und im Jahr 48 das Apostelkonzil.

4 Rast in Konstantinopel: Ruinen des Blachernen-Palastes in Istanbul, beim Kupfermarkt der ehemaligen zweiten Hauptstadt des römischen Weltreichs, in dessen „heiliger Kapelle" die Ikone der Advocata ab dem Jahr 439 verehrt wurde.

5 Erste Wohnung der Ikone der Advocata in Rom: Das Gebäude des ehemaligen „Monastero Tempulo" oder „Santa Maria in Tempulo" an der Via di Valle delle Camene, das die Ikone der Advocata vom 8. Jahrhundert bis zum Jahr 1221 beherbergte.

6 Kurzer Ausflug: Über dreitausend Jahre alter Obelisk aus Ägypten vor der Lateran-Basilika, der „Mutter aller Kirchen der Welt", wohin Papst Sergius III. einer Legende zufolge die Ikone der Advocata im Jahr 904 in einem Handstreich bringen ließ. Nur eine Nacht später war sie wieder an ihrem alten Platz in Rom.

7 Erste Wohnung im Dominikanerorden: Komplex von San Sisto Vecchio, dem Gründungskloster der Dominikanerinnen in Rom, bei der Piazzale Numa Pompilio 8 an der alten Via Appia, wo Domingo de Guzman die Ikone der Advocata am 28. Februar 1221 persönlich hintrug und wo sie bis 1575 aufbewahrt wurde.

8 Kirchenfenster in dem Kloster „San Sisto Vecchio" mit der Darstellung der Advocata über dem Märtyrerpapst Sixtus II († 258) und dem heiligen Dominikus in Erinnerung an die 354 Jahre, die das Gnadenbild von 1221 bis 1575 im ersten Kloster der Dominikanerinnen in Rom verweilte.

9 *Auf dem Quirinal: Am 8. Februar 1575 bezog die Advocata ihre neue Bleibe über dem Hauptaltar der Kirche des neuen Klosters „Santi Domenico e Sisto", neben der Villa Aldobrandini, hinter der Kirche Caterina da Siena, das Papst Pius V. (1504–1572) für die Dominikanerinnen hatte errichten lassen, oberhalb der antiken Kaiserforen an der Piazza Magnapoli.*

10 *Replik der Advocata über dem Hauptaltar der Kirche „Santi Domenico e Sisto" in Erinnerung an die Präsenz des Gnadenbilds an diesem Ort in den 356 Jahren von 1575 bis 1931.*

11 *Letzte Heimat und Wohnsitz der Advocata seit dem 15. August 1931: Das Rosenkranzkloster auf dem Monte Mario zwischen der Via Trionfale 177 und der Via Alberto Cadlolo 51, in einem barocken Gebäudekomplex, der sich dem Humanisten Gian Vittorio Rossi verdankt, der hier im 17. Jahrhundert in seinem Weinberg eine Kapelle für Hirten und Weinbauern hatte errichten lassen.*

12 *Blick von der „schönen Lage" (belsito) des Rosenkranzklosters auf das morgendliche Rom, die Stadt Mariens.*

13 *Die „Rückseite" des drehbaren Originals mit einer alten Kopie der Ikone, wie sie für fremde Besucher normalerweise durch das Gitterfenster der Klausur des Klosters zu sehen ist.*

14 *Andachtsbild der „Wunderbaren allerheiligsten Maria, genannt Madonna des heiligen Lukas" aus Anlass ihres letzten Umzugs von ihrem Kloster „Santi Domenico e Sisto" im Angelicum auf dem Quirinal im Jahr 1931 in das Rosenkranzkloster auf dem Monte Mario.*

Elf weitere Kopien des antiken Originals in Rom

15 *„Madonna della Intercessione“ (Madonna der Fürsprache), die der heilige Alexius (†412) aus Edessa im heutigen Anatolien in die altrömische Basilika SS. Bonifacio ed Alessio auf dem Aventin-Hügel gebracht haben soll.*

16 *„Santa Maria in Ara Coeli" seit dem 11. Jahrhundert auf Roms Capitolhügel, über dem Hauptaltar der Basilika des Himmelsaltars, deren Ursprung in die Zeit der Zeitenwende unter Kaiser Augustus reicht.*

17 *„Fons Lucis et Stella Maris" (Quelle des Lichts und Meeresstern) eines gewissen Petrus Pictor vom Ende des 12. Jahrhunderts, in der Kirche Santa Maria in Via Lata auf der Via del Corso.*

18 *„Vergine di Grottapinta“ aus der Zeit um 1100 in der Basilika „San Lorenzo in Damaso“ im Palast der Cancelleria am Corso Vittorio Emmanuele, wo sie seit 1635 über dem Altar der Bruderschaft der Unbefleckten Empfängnis verehrt wird. Die umlaufende Inschrift spricht von vierzig Märtyrer-Reliquien, die sich ursprünglich in einer Kapsel auf ihrem Gewand über dem Herzen Marias befanden.*

19 *Kopie der Advocata mit hinzugefügtem Diadem aus dem 16. Jh. in der Cappella Paolina im Päpstlichen Palast aus dem Fundus der Vatikanischen Museen.*

20 *Fresko in der Kirche Santa Susanna bei den Thermen Diokletians. Die Kirche ist über dem Wohnhaus errichtet, in dem Susanna, eine junge christliche Römerin, im Jahr 275 den Martertod fand. Zum Heiligen Jahr 1475 ließ Papst Sixtus IV. (1471–1484) die alte Basilika mit einem Panoptikum von Darstellungen zur Heilsgeschichte versehen, in dem uns auch die Advocata begegnet.*

21 *Vorbild desselben Freskos im Refektorium der Zisterzienserinnen, denen Santa Susanna seit 1587 anvertraut ist.*

22 *„Avvocata del Campo Marzio“ in der Klosterkirche Mariä Empfängnis an der Piazza Campo Marzio in der römischen Altstadt. Das Kloster wurde im 8. Jahrhundert von basilianischen Nonnen gegründet, die im Verlauf der Bilderstürme mit verschiedenen Ikonen und Reliquien von Konstantinopel nach Rom geflohen waren. So kam es in dem Komplex auch zu einem Oratorium mit den Gebeinen des heiligen Gregor von Nazianz (330–390), das nicht mehr besteht.*

23 *„SCA VIRGO VIRGINUM“ (Heilige Jungfrau der Jungfrauen) heißt eine eigenwillige zweite Darstellung der Advocata aus diesem Oratorium, von einem römischen Maler in der zweiten Hälfte des 11. Jahrhunderts in Temperafarben auf Holz gemalt, wo Christus die Madonna aus der Höhe segnet. Seit 1987 befindet sich die Tafel in der Sammlung der Galleria Barbarini.*

24 *Madonna in den Grotten unter Sankt Peter. Laut der Inschrift im Sockel wurde sie im Jahr 1486 von Antoniotto Pallavicini, dem Bischof von Aurea in Spanien, hier angebracht. Sie wird allerdings dem Maler Lippo Memmi zugeschrieben, der von 1285 bis 1356 in Siena tätig war.*

25 *Alfonso Caccese aus Foggia „schrieb" diese Ikone für die Kirche Santa Maria della Consolazione, wo sie seit Dezember 2003 jenes „Original" ersetzt, das hier vor dem Forum Romanum an Roms verschiedene Advocata-Ikonen erinnerte, bevor es selbst 1960 gestohlen wurde.*

Spiegelung

Deesis-Ikone der Fürbitterin aus Russland um 1700, wo sie mit ihrer Rechten auf den Schleier in ihrer Linken weist.

Der deutsche Franziskaner-Bruder Thomas Freidel aus Assisi hatte uns schon vor Jahren berichtet, dass es in der Oberkirche des heiligen Franziskus in der Nähe des Altars in einem Fresko eine recht genaue Kopie der Advocata aus der Hand des schon zu Lebzeiten prominenten römischen Malers Jacopo Torriti aus dem Jahr 1290 gebe. Danach waren wir nach Assisi gefahren und sahen, er hatte völlig recht. Die Ähnlichkeit ist frappierend und eindeutig, auch wenn das Gesicht in dem Fresko durch Feuchtigkeit Schaden genommen hat. Und zwar sitzt Maria hier in der Haltung der Advocata in einer Darstellung der Hochzeit von Kana neben der königlichen Braut. Sie sagt den Dienern gerade, dass sie tun sollen, was ihr Sohn ihnen sagt. Es ist eine Schlüsselszene aus dem Evangelium des Lukas.

Aufregender für unseren Zusammenhang war aber die Tatsache, dass nur 70 Jahre, nachdem Domingo de Guzman in Rom die Advocata in die Hände seiner Dominikanerinnen übertragen hatte, die Darstellungsweise auf dieser Bildtafel offensichtlich kanonischen Rang erlangt hatte. Da besaß die Advocata schon so etwas wie verpflichtenden Modellcharakter, mit einer einzigartigen ikonografischen Autorität. Deshalb machten wir uns nach der Entdeckung eines ursprünglichen Schleiers in der Hand der Advocata an einem neuen klaren Wintertag mit unserem verbeulten Volvo noch einmal nach Arezzo in die Toscana auf. Es war gegen unser striktes Vorhaben, Rom vor Abschluss dieses Berichts nicht mehr zu verlassen. Doch im Internet hatte ich gesehen, dass es in Arezzo ein Kruzifix aus der Hand des seit langem weltberühmten Malers Cimabue gibt. Es stammt aus dem Jahr 1260 für die Basilika des heiligen Dominikus in dieser Stadt, wo Maria ebenfalls mit ihrer Linken einen Schleier umklammert hält. Das mussten wir sehen.

Nur 13 Jahre nach seinem Tod war Domingo de Guzman schon heiliggesprochen worden und wurde für die katholische Weltkirche zum „Sanctus Dominicus". Zwei Jahre später ließen sich erste Dominikaner in Arezzo nieder, wo sie im Jahr 1275 mit dem Bau ihrer Basilika begannen. Das gewaltige Tafelkreuz entstand also knapp vierzig Jahre, nachdem der heilige Dominikus die Advocata persönlich seinen ersten Dominikanerinnen in Rom anvertraut hatte. Es ist das erste Kreuz dieser Art, das Cimabue überhaupt zugeschrieben wird, dem Lehrmeister der Meister Giotto und Cavallini. Ich freute mich wie ein Kind, es von Nahem betrachten zu können.

Die weltberühmte Basilika aber überraschte uns durch das durchsichtige Gefieder der winterlichen Bäume hindurch zunächst durch ihre Schlichtheit. Es ist ein Gotteshaus aus rohem hellem Stein wie eine große Scheune, ohne alle Verzierungen, natürlich ohne Türme. Über der Fassade ragt ein steinerner offener Glockenstuhl mit einer kleinen und einer großen Glocke in den Himmel. Ein einziger Eingang führt vorn in der Mitte in den Raum dahinter, ins Dunkle. Und es dauert eine Weile, bis sich die Augen an den Dämmer gewöhnen und das pechschwarze große Kreuz erkennen, das im Presbyterium gerade über dem Altar hängt. Drei große helle Fenster dahinter verschärfen den Kontrast noch. In der einschiffigen Basilika war kein Mensch zu sehen und auch keine Klingel, über die sich ein Dominikaner rufen ließ, um für uns die Beleuchtung anzuschalten. Ich hatte das Dilemma wohl kommen sehen und neben einem Feldstecher auch zwei Kameras mitgebracht, eine für meine

Frau, mit der sie alle alten Fresken an den Kirchenwänden fotografierte. Und eine größere alte Sony mit einem Zoom für mich, um alle Details des Kreuzes vor mir in der Höhe freihändig, mit angehaltenem Atem, und mit dem Blitzlicht zu fotografieren. Auf dem Display erkannte ich, dass es irgendwie zu funktionieren schien. Ich sah schon kleine farbige Fotos, die die Kamera aus dem Dunkel geholt hatte. Doch in Ruhe konnte ich die Bilder erst wieder am Abend auf dem großen Bildschirm studieren. Vor allem ein Ausschnitt passte wie das letzte nötige Stück eines bisher noch unvollständigen Puzzles.

Solch eine Kreuzesdarstellung hatte ich noch nie gesehen. Es ist der leidende Christus am Kreuz, der noch nicht gestorben ist. Hier hängt er noch ohne die tödliche Lanzenwunde in seiner Brust am Holz. Nach dem, was ich von unbewegt byzantinischen Ikonen kannte, bewegte sich Cimabue in seiner Darstellung zunächst noch ganz in diesen Vorgaben. Der Körper Christi aus seiner Hand aber krümmt und beugt sich in seinem Todeskampf schon ganz aus dieser Schule und Darstellungsweise heraus, als sprenge er die alten Ausdrucksgrenzen für ein neues Zeitalter. Die Blutströme an Händen und Füßen sind zierlich und fast abstrakt wie rote wollene Schaufäden. Die aufgeschlagenen Knie zeigen die Knochen dahinter so blank und nackt und ausgebleicht wie auf einem Totenacker. Das hinsinkende Antlitz fällt nach rechts auf die Schulter, die Augen sind schon und der Mund ist noch geschlossen, in bewegter Ruhe und Hingabe, vor dem letzten Schrei. Dieser Körper lebt und stirbt. Er ist von einer einzigen Bewegung erfasst, die ihn aus der Darstellungsweise des Ostens schöpferisch in die neue und moderne Weise des Westens sprengt. Es ist Ausdruck pur. Cimabues Beherrschung von Licht und Schatten ist vollkommen. Vielleicht sehen wir hier den Anbeginn unserer Kunst, vielleicht. Denn auch dieses neue Kruzifix hat der Meister noch wie eine alte Ikone „geschrieben“, wo er neben dem Kreuz links und rechts Porträts Marias und des Lieblingsjüngers hinzugefügt hat, in strenger Übersetzung der Schrift, wo das letzte Vermächtnis des Erlösers bei Johannes heißt: „Siehe da, Deine Mutter!“ – „Siehe da, Deinen Sohn!“ Das Kreuz krönt der Schuldspruch des Pilatus auf Latein, nach dessen Urteil Jesus von Nazareth als König der Juden an diesem Marterpfahl hängt. Darüber sehen wir das Antlitz des auferstandenen Erlösers in der Frontalansicht des wahren Bildes aus dem heiligen Schweißtuch in einem heiligenscheinrunden Medaillon. Es ist alles in allem überwältigend.

Hierhergekommen waren wir aber diesmal aus Rom allein der Darstellung der Mutter wegen, neben der rechten Hand ihres Sohnes. Rein formal ähnelt auch diese Madonna in der Komposition und dem Faltenwurf immer noch alten byzantinischen Vorbildern. Was hier aber ganz neu ist, im Gegensatz zu byzantinischen Darstellungen, ist ihr persönlicher Blick, ihre Trauer, die versonnene Ratlosigkeit, mit der ihr rechter Zeigefinger im Faltenwurf ihres Gewandes nestelt – während sie einen Schleier in der linken Hand gegen ihr betrübtes Gesicht presst. Das ist schließlich ein Moment, wo ich wieder als Zeuge vortreten und sagen muss, dass wir in den letzten zwanzig Jahren kein Bild der Muttergottes wie dieses in Rom getroffen haben, das der Advocata von ihrem Ausdruck und ihrer lebendigen Menschlichkeit her auf diese Weise gleicht, auch nicht die mindestens sieben allein in Rom befindlichen direkten Kopien des Gnadenbildes vom Monte Mario in den Kirchen Santa Susanna, San Lorenzo, San Alessio, Santa Maria in Lata, Santa Maria in Ara Coeli, und zwei Darstellungen in der Kirche Mariä Empfängnis im Campo Marzio. – Hier ist sie zwar seitenverkehrt, doch mit jenem Tuch in der linken Hand, das erst die Restaurierung von 1960 im Original in ihrer linken

Hand wieder zu Tage gefördert hat, in einer dramatischen Spiegelung. Beim Kreuzestod Jesu gab es diesen Schleier noch nicht. Doch das konnte Cimabue nicht wissen, der ihn offensichtlich dennoch als ein wesentliches Attribut Marias wahrgenommen hatte.

Mit diesem Schleier schloss sich hier aber auch ein Kreis. Es schien der letzte Baustein meiner Recherche, den ich – ähnlich wie hier – vor gut zwanzig Jahren in Jerusalem im Markushaus unwillkürlich mit dem Blitz für mich und für diese Erzählung aus dem Dunkel herausgeholt hatte. Es war die Chaldäische Madonna, die mich danach auf die Spur der Madonna des heiligen Lukas setzte. Diese lange Reise war hier abgeschlossen. Von jetzt an brauchte ich nicht mehr als unsere Anna-Kirche um die Ecke, am Eingang des Vatikans, die uns an jedem Morgen mit zahllosen Gesichtern aus aller Welt erfreut, und die Advocata – die wir aufsuchen konnten, so oft wir wollten, morgens um 7:30 Uhr, daheim in Rom.

Wie der Schleier an der linken Hand der Advocata ursprünglich auf ihrer Ikone ausgesehen hat, wissen wir danach immer noch nicht. Auch nicht, wie und wann und von wem dieses Tuch übermalt wurde, und warum. Andere mittelalterliche Kopien des Gnadenbildes im Westen zeigen es nicht mehr, im Gegensatz zu vielen alten Darstellungen in Äthiopien, und der spätantiken Ikone „Salus Populi Romani" in der Basilika Santa Maria Maggiore, wo die Madonna auch noch einen Schleier in der linken Hand hat, mit dem sie den Sohn auf ihrem Schoß umfängt. Und wir wissen auch nicht, wie es viel später in Russland zu jenem Ikonenmodell kam, wo Maria mit geneigtem Haupt dargestellt wurde, mit einem byssusfarbenen Schleier über ihrer Linken, auf den sie mit ihrer Rechten hinweist. Es ist ein Rätsel.

In Arezzo aber hatte Cimabue der Advocata mit ihrem Schleier in der Hand um das Jahr 1260 ein unvergleichliches Denkmal gesetzt.

Salve Regina

„Blickt durch das Fenster, späht durch das Gitter", heißt es im Hohelied König Salomons aus dem 10. Jahrhundert vor Christus.

Wie hätte ich irgendetwas von all dem ahnen können, als ich die Advocata erstmals erblickte? Anfang des Jahres 2006 habe ich nur ein unbekanntes Glück erfahren und wusste danach jeden Morgen, wenn ich sie besuchte, nicht, womit ich es verdient hatte nach allen Irrwegen, denen ich schon gefolgt war. Nun also diese Seligkeit: nach der Frühmesse, wenn die Morgensonne die kleine Kirche durch das gläserne Hauptportal von den Abruzzen her in Licht tauchte, einfach nur bei ihr zu sein, wo der Blick ihrer Augen praktisch jeden meiner Atemzüge in ein Gebet verwandelte.

Und sie hinter dem schweren Gitter: ewigalt und blutjung wie jene Geliebte, an die König Salomon sich schon vor dreitausend Jahren mit den Worten wandte: „Meine Taube im Felsennest! Dein Gesicht lass mich sehen, deine Stimme hören! Denn süß ist deine Stimme, lieblich dein Gesicht. ... blickt durch die Fenster, späht durch die Gitter. ...". So schaute ich sie an durch das Gitter und sie mich. Hatte Salomon die Jungfrau für sein „Hohes Lied" der Liebe schon vorab vor Augen? Und rund zweitausend Jahre später „Hermann der Lahme" von Reichenau? Dieser Benediktinermönch war ein verkrümmtes Genie aus der ersten Hälfte des 11. Jahrhunderts, der sein Kloster auf der Insel im Bodensee seiner Behinderung wegen niemals verlassen hat, wo er dennoch das „Salve Regina" gedichtet hat. Denn fast ist es ja so, als habe die Ikone ihren Titel auch nach diesem Hymnus erhalten, wo es heißt: „Eia ergo, Advocata nostra, / illos tuos misericordes oculos / ad nos converte." Auf deutsch: „Wohlan denn, unsre Anwältin, / wende uns /deine barmherzigen Augen zu." Denn hat der verkrüppelte Hermann, der nur mit einer verkrampften Faust schreiben konnte, jemals an eine andere als an diese Fürsprecherin denken können? Ich verliebte mich jedenfalls mit jedem Besuch mehr in die Ikone. Und immer mit der bangen Frage, wie lange dieses unvergleichliche Privileg persönlicher Beglückung wohl noch andauern mochte.

In Berlin hatte indes mein Chef wieder einmal gewechselt. Und nach dem Wohlwollen, das ich da bisher genossen hatte, versuchte mich nun ein Kollege zu regieren, der sein Missfallen meiner Arbeit nur schwer zu verbergen wusste. Sicherheit für meine Arbeit gab da nur ein stabiler Vertrag mit dem gemeinsamen Verlagshaus, der von der „Anwältin" selbst hätte stammen können. In der Weihnachtsausgabe hatte der Chef die entsprechende Seite deshalb auch für eine eigene Reportage für sich selbst reserviert, weshalb mein erstes Stück über die Advocata verschoben wurde und rund ein Jahr nach meiner Entdeckung am 3. Januar 2007 auf einer ganzen Seite der WELT mit einem phantastischen Detailfoto von ihrem Antlitz an einem gewöhnlichen Mittwoch unter dem redaktionellen Titel "Der Schatz von Monte Mario" erschien. Bald erschien eine italienische Übersetzung des Artikels im weltweiten Netz, wo auch der deutsche Text vom 3. Januar 2007 im Original natürlich noch bis heute zu lesen ist.

Der redaktionelle Titel kam mir damals grammatikalisch unglücklich vor, doch egal. Nach der Veröffentlichung kamen rasch Leserbriefe, in denen es hieß, das sei doch alles ein alter Hut und längst bekannt. Das stimmte zur Hälfte und zur anderen Hälfte überhaupt nicht. Es war schon bekannt, das ja, doch nur von Spezialisten in einigen hermetischen Zirkeln der exklusiven Welt der Kunstgeschichte.

Doch noch nie war es auf einer ganzen Seite im Nachrichtenteil einer überregionalen deutschen Tageszeitung vorgestellt worden. Die meisten hatten noch nie von der Ikone gehört. Und natürlich gehörte dieses Wissen um die älteste Darstellung der Gottesmutter in die ganze Welt. Ich aber war Korrespondent der WELT und nicht der Welt der Kunstgeschichte. Für den allergrößten Teil meiner Leser war die Sache kein kalter Kaffee.

Lydda und Jerusalem

Antike Grundmauern der ersten „Kirche der Apostel"
im Komplex des Abendmahlsaals (oder „Coenaculums")
auf dem Zionsberg in Jerusalem.

Deshalb erregte der Artikel einiges Aufsehen, was Journalisten natürlich immer freut, und beschrieb für viele durchaus eine Entdeckung, allein mit dem Foto der wundervollen Ikone. Dennoch muss ich das Stück heute an entscheidender Stelle korrigieren. Das betrifft vor allem die angebliche Herkunft dieser Ikone aus Lydda. Dabei muss es sich um eine Konstruktion handeln. Denn hinter der Behauptung, dass die Advocata eins sei mit einer legendären Lydda-Ikone, steht folgende Erzählung: Dieses Gnadenbild sei entstanden, als die Apostel Petrus und Johannes im alten Lydda – am Ort des heutigen Lod in der Nähe des Ben Gurion Flughafens in Israels Küstenebene – noch zu Lebzeiten Marias angeblich eine „Marienkirche" gründen wollten, in der ein Bild Marias auf geheimnisvolle Weise an oder auf einer Säule entstanden sei. Maria selbst soll dieses Bild danach gesegnet haben. In seiner Apostelgeschichte erzählt Lukas tatsächlich von einer ersten christlichen Tochtergemeinde in Lydda neben der so genannten Urgemeinde auf dem Zionsberg in Jerusalem.

Doch die Gotteshäuser der ersten Christen blieben zweifelsohne bis zur Zerstörung des Tempels in Jerusalem im Jahr 70 durch die Römer zuerst weiterhin jüdisch. Das war vor allen anderen der jüdische Tempel auf dem bis heute brisanten Tempelberg. Außerdem besuchten die ersten Christen zunächst weiter alle Synagogen im Heiligen Land und rings um das Mittelmeer, die wir uns vor allem als Schulen und Lehrhäuser vorstellen dürfen. Paulus suchte auf seinen Missionsreisen überall zuerst die Synagogen auf.

Von dieser Regel ausgenommen war nur der Abendmahlssaal auf dem Zionsberg als der erste genuin christliche Erinnerungsort. Denn dort hatte Jesus vor seiner Kreuzigung das letzte Abendmahl mit seinen Aposteln eingenommen. Dort hatten die Apostel mit Maria und anderen Frauen fünfzig Tage später das jüdische Schawuot-Fest gefeiert. Es war der Geburtsort der Kirche. Das Apostelkonzil im Jahr 48 fand auch noch in diesem Komplex statt. Aber auch dieser Gedenkort wurde im Jahr 70 von den Römern zusammen mit dem Tempel zerstört, nachdem die ersten getauften Juden nach Pella geflohen waren, jenseits des Jordans, zu einem Ort, der heute Tabaquat Fahl heißt, knapp 100 Kilometer nordwestlich von der jordanischen Hauptstadt Amman.

Als diese Christen nach der Zerstörung Zions aber zurückkehrten, war ihnen in dem Trümmerfeld der Stadt der konkrete Ort des Abendmahls natürlich noch vollkommen vertraut, wo sie nun erstmals, – und zwar aus Steinen des zerstörten Tempels! – eine kleine „Kirche der Apostel" erbauten, deren Apsis nicht mehr auf das Allerheiligste des Tempels, sondern auf den Golgatha ausgerichtet war. Ihre Fundamente aus herodianischen Steinen lassen sich heute noch im Komplex des Abendmahl-Saals neben der Dormitio-Abtei auf dem Zionsberg betrachten, der in Jerusalem „Coenaculum" genannt wird. Der Bau dieser „Kirche" muss als das erste genuin christliche Gotteshaus gelten, von dem wir wissen und Zeugnisse haben.

Dieser archäologische Befund lässt ein früheres christliches Gotteshaus in Lydda in apostolischer Zeit jedenfalls als vollkommen unmöglich erscheinen. Eine solche Darstellung ist so durchsichtig und unwahrscheinlich, dass sie zugleich ihre Entstehung in einer sehr viel späteren Zeit deutlich zu erkennen gibt. Es gab kein christliches Gotteshaus zur Lebzeit Marias.

Eine sehr frühe Kirche in Lydda wurde in byzantinischer Zeit zwar über dem Grab des Märtyrers Georg errichtet und ihm geweiht. Das war ein christlicher Legionär, der unter Kaiser Diokletian gefoltert und hingerichtet wurde. Dass in diesem Haus möglicherweise auch eine bedeutende Marienikone verehrt wurde, ist möglich, von der wir allerdings nicht wissen, wie sie aussah und wie sie dahin kam. Die in derselben Legende erwähnte Säule mag vielleicht jene Säule sein, die heute in der Basilika Nuestra Señora del Pilar in Zaragoza in Spanien verehrt wird, der größten Marienkathedrale der iberischen Halbinsel um jene Säule (spanisch: Pilar), von der es heißt, dass Maria, am 2. Januar des Jahres 40 dem Apostel Jakobus dem Älteren noch zu ihren Lebzeiten auf dieser Säule erschienen sei, als die erste Marienerscheinung überhaupt. Gut möglich. Das wäre allerdings andere Recherchen wert und überhaupt eine andere Geschichte. Ich hatte mit der angeblichen Identifizierung der Advocata mit der sogenannten Lydda-Ikone vor allem Salesia Bongenberg meine Referenz erweisen wollen. Das war eine falsche Spur. Als verlässliche Auskunft über den Ursprung der Herkunft der Advocata müssen wir die Lydda-Legende vergessen.

Gläubiges Staunen

Der Publizist Michael Hesemann in den Kolonnaden des Petersplatzes, der die Advocata im Jahr 2011 im ersten Kapitel seines Buches „Maria von Nazareth“ als Ikone aus der Hand des heiligen Lukas vorstellte

Dennoch hat trotz dieser falschen Spur nur selten ein Stück von mir größere Resonanz erfahren als mein erster Artikel über die Advocata vom 3. Januar 2007. Bis heute werde ich oft gefragt, ob ich nicht ein Buch über die Ikone geschrieben habe. Es war aber nur dieser eine Artikel. Er hatte viele erreicht.

Wenige Wochen später rief Kardinal Meisner an, der Erzbischof von Köln. Er sei in Rom und fragte, ob ich auch ihn einmal zu der Ikone führen könne. Am nächsten Morgen fuhren wir zum Monte Mario, wo er die Frühmesse für die Nonnen las. Danach lud die Mutter Priorin uns zum Frühstück in ihr Refektorium ein. Und weil Kardinäle im Gegensatz zu Bischöfen das Recht haben, die Klausuren klausurierter Orden zu betreten, konnte auch ich mit ihm zusammen ein wenig die Klosterräume hinter dem Gitter erkunden, wo ihm die Nonnen stolz ihre anderen Schätze zeigten: Ein Schulterblatt und die linke Hand der heiligen Katharina von Siena, das große Passionskreuz derselben, die Schädeldecke des heiligen Dominikus und sein handgeschriebenes Stundenbuch. Ein Schienbein des heiligen Thomas von Aquin, das erste Gitter ihrer Klausur vor 800 Jahren. Hinter einem Kristall im Altar schaute den Kardinal der blumenumkränzte Schädel der heiligen Colomba an, einer römischen Jungfrau und Märtyrin aus dem späten 3. Jahrhundert. Lange Zeit war dieser Heiligen einmal eine Kirche gleich neben dem Kölner Dom gewidmet. In ihrer Klausur besaßen die Schwestern zudem einen ganzen Schrank voller Reliquien, vorzugsweise von Heiligen des Dominikaner-Ordens, als hielten sie 800 Jahre Fleisch gewordener Geschichte fest. Der Kardinal war so bewegt, dass er auch ein offenes Ohr für die wirtschaftlichen Nöte der Nonnen hatte und veranlasste schon von Rom aus die Tilgung der dringendsten Schulden, die Mutter Angelica ihm geklagt hatte.

Wenig später kam aus Warschau ein Journalistenteam der Illustrierten Tygodnik Powszechny nach Rom, um mich für eine Titel-Geschichte zu interviewen, als habe ich ein Pharaonengrab entdeckt. Ihnen folgten Ikonenmaler aus Sankt Petersburg und eine Abordnung von Mönchen aus Tbilissi, wo der georgische Patriarch von der Entdeckung der Ur-Ikone Mariens in dem Rosenkranzkloster gehört und bei ihnen eine Kopie für sich in Auftrag gegeben hatte. Don Antonio Tedesco, Roms alter Pilgerpfarrer, weinte, als ich ihn vor die vergitterte Ikone führte. Er hatte rund fünfzig Jahre lang deutsche Pilger zu den offenen und verborgenen Schätzen Roms geführt und niemals von diesem Bildnis gehört, noch hatte er jemals auch nur ein Foto davon gesehen. Für ihn war die Advocata das unbekannteste Bildnis Roms. Nun aber kamen erste Pilgerbusse auf den Monte Mario und füllten mit Almosen ein wenig die leere Kasse des Klosters auf, dessen Nonnen früher einmal durch die Einfassung von Reliquien etwas verdient hatten, in einem Industriezweig also, der zu Beginn des dritten Jahrtausends zum Erliegen gekommen war wie eine versiegte Quelle.

Bei der schwierigen Quellenlage zur Advocata enthielt mein erster Artikel über diese Anwältin trotz meiner einjährigen Recherche einige Fehler wie die der Lydda-Legende, denen ich deshalb hier das vorherige Kapitel zur Korrektur widmen musste. Diese Mängel hielten meinen Kollegen Michael Hesemann in Düsseldorf freilich nicht davon ab, sich nach seiner Lektüre in der WELT nach Rom aufzumachen, um in mehreren Besuchen des Rosenkranzklosters auf dem Monte Mario auf diesen Spuren weiter zu recherchieren für ein großes eigenes Buch über Maria, das er seiner Mutter widmen wollte.

Dass der Evangelist Lukas der Maler der Advocata ist, bezweifelte Michael Hesemann – im Gegensatz zu mir – überhaupt nicht. Im „syrischen Stil" dieser Wachsikone erkannte er in dieser Bildtafel allerdings auch Merkmale, die sie von den Fayum-Porträts unterschied. Und von Rom aus reiste er weiter nach Ägypten, um auf den Spuren der Heiligen Familie weiter zu recherchieren, nachdem er Jerusalem, Nazareth und Bethlehem schon gut kannte. Denn seit ihrer Flucht vor Herodes ist ja auch Ägypten heiliges Land – im Grunde seit Moses. Schon Hilde Zaloscer hatte mir fast dreißig Jahre zuvor davon berichtet. Am Nil blühte das Christentum auf dem Holz des Judentums anfangs wie kaum irgendwo sonst am Mittelmeer. In den Christenverfolgungen des römischen Weltreichs beklagte Ägypten die meisten Märtyrer. Die Klöster auf den Inseln von Lerins vor Cannes atmeten seit ihrer Gründung im 4. Jahrhundert ägyptischen Geist. Die Spiritualität der irischen Mönche, die Europa vom 6. Jahrhundert an vom Westen her christianisierten, hatte ägyptische Ursprünge. All dies war Michael Hesemann sehr wohl bewusst, den ich nicht anders als einen Gentleman-Kollegen nennen kann. Als er mich um eines meiner vielen Fotos für den Titel seines neuen Buches „Maria von Nazareth" bat, verweigerte ich ihm das aus heimlicher Eifersucht ohne nähere Begründung aber dennoch, weil ich doch selbst ein Buch über die Advocata schreiben und meine Fotos exklusiv dafür verwenden wollte.

Wunder geschehen vor der wundertätigen Ikone also nicht automatisch oder auf magische Weise. Offensichtlich muss auch schon ein wenig guter und großzügiger eigener Wille dazu kommen. Seinem Buch hat meine Kleingunst nicht geschadet, das seit Januar 2011 als ein Standardwerk zu Maria gelten muss, wo er das ganze erste Kapitel der Advocata widmete, und wo die Ikone vom Monte Mario den Betrachter vom Titel so geheimnisvoll anschaut, als würde sie gerade im Sand der ägyptischen Wüste entdeckt.

Mir hat Michael Hesemann meine kleinliche und egoistische Missgunst – auf dann doch noch wundervolle Weise – mit Großmut vergolten.

Maria von Nazareth

Der muslimische Schriftsteller Navid Kermani aus Köln
vor der Advocata am 1. November 2008, der er später in seinem
Aufsehen erregenden Buch „Ungläubiges Staunen"
eine hinreißende Reverenz erwies

Danach will ich nicht weiter davon erzählen, wie viele Bischöfe, Priester, Ordensleute und normale Pilger ich noch vor die Advocata führen durfte, von denen kein einziger ungetröstet und ungestärkt im Glauben in seine Heimat zurückfuhr. Mutter Angelica, die damalige Priorin des Klosters, nahm ihre Spenden dankbar an und steckte sie nicht nur in das marode Elektrosystem, sondern umgehend auch in die Renovierung der Fassade. Bald leuchtete die heruntergekommene Ruine über der Via Trionfale wieder als heller Palast wie eine Braut, die sich für ihren Bräutigam zurecht gemacht hat. Seitdem war es keine Ruine mehr. „Wann kommt der Papst?", fragte mich Mutter Angelica von da an.

Unvergessen unter all diesen Besuchern sind mir allerdings Martin Mosebach und Navid Kermani, die ich am 1. November 2008 vor die Advocata führte, mit einem Versprechen, ihnen hier eine präbyzantinische Ikone vorstellen zu können, von denen es weltweit nur einige gebe. Ein Jahr zuvor hatte Martin Mosebach den Büchner-Preis der Deutschen Akademie für Sprache und Dichtung erhalten und auch auf den deutsch-iranischen Freund und Kollegen aus Köln sollte es bald Preise aller Art regnen, darunter 2015 der Friedenspreis des deutschen Buchhandels. Jetzt aber war Kermani als Stipendiat des Deutschen Buchhandels in Rom, mit weit offenen Augen und hellwachen Sinnen, mit denen der gläubige Muslim die christliche Bilderwelt der Stadt der Apostelfürsten studierte.

Es war ein strahlender Herbsttag. Die römische Kirche feierte das Hochfest „Allerheiligen", das seinen Ursprung im alten Pantheon Kaiser Trajans aus dem 2. Jahrhundert hatte, welches im Mai 609 in die Basilika „Sancta Maria ad Martyres" umgetauft wurde. Wir aber hatten am Stadtrand im Rosenkranzkloster zwei Stühle vor das Gitter der Klausur geholt, um unter den Augen der Advocata einen Rosenkranz zu beten, auf Wunsch des Dichters Mosebach als leisen lateinischen Gesang, während sich unser muslimischer Freund auf einer Bank hinter uns Notizen machte für einen Bericht, den er über dieses christliche Gnadenbild für die „Neue Zürcher Zeitung" schreiben wollte. Der Artikel erschien im Februar 2009 und noch einmal im August 2015 in dem Buch „Ungläubiges Staunen: Über das Christentum", in dem Navid Kermani das Foto der Advocata und seinen Bericht für die Neue Zürcher seinem Meisterwerk wie einen Notenschlüssel voranstellte. Es war eine Artikelsammlung, die als eine der überraschendsten Veröffentlichungen dieses Jahres im deutschen Sprachraum gelten konnte. Sein Bericht über unseren Besuch bei der Advocata vom Allerheiligentag 2008 war ein ergreifender Lobgesang, in dem er ihre orientalische Schönheit pries, im Gegensatz zu den römischen Huren, die Caravaggio als Modell gedient hatten oder den französischen Gräfinnen, die wir bei Raffael sehen. Sie „ist noch jung", schreibt er und habe „doch schon erfahren, was es bedeutet, von Gott aus- und heimgesucht worden zu sein, glaubt zumindest, es erfahren zu haben, kennt schon den Schmerz und ahnt, mehr noch: weiß, dass der Schmerz sich ins Unermessliche noch steigert. Nur das Unermessliche selbst hat nicht einmal diese Jungfrau erlebt." Dass die Advocata jung sei, erkennt mein muslimischer Freund eigentlich gegen meinen Augenschein. Mir begegnete die Anwältin hier immer als eine reife Frau. Doch es ist überaus faszinierend, wie ernst er danach im selben Antlitz das Wesen der christlichen Ikonen ganz allgemein ebenso zu entschlüsseln und zu erkennen sucht, wie das Wunder der katholischen Kirche, bevor er in einem furiosen Schlussakkord Folgendes festhält: „Nur Maria halten sich die Katholiken rein, und das begreife ich so gut. Sie malen Madonnen, um sich zu trösten, weil es ohne Trost nicht geht, malen Bilder eines makellosen Gesichts. Jungfräulichkeit bedeutet für mich nichts anderes: rein – und damit immanent gesprochen: gereinigt – von der Erfahrung."

Von der ersten bis zur letzten Seite ist Navid Kermanis Buch hinreißend, doch ehrlich gesagt, verstehe ich nicht alles, was er an dieser Stelle sagt und muss ihm hier sogar – mit allem nötigen Respekt – freundlich widersprechen. Erstens bedeutet Jungfräulichkeit ja nichts anderes als Jungfräulichkeit. Zweitens ist gerade Maria gesättigt mit Erfahrung und nicht von ihrer Erfahrung gereinigt. Gesättigt also mit dem, was sie von Jugend an „in ihrem Herzen bewegte", wie Lukas später sagte, und von den Schwertern, die ihr Herz durchdrungen haben, wie der Seher Simeon es ihr prophezeit hatte, als sie den Säugling mit ihrem Bräutigam Josef im Tempel von Jerusalem darbrachte. Christen haben sie also seit jeher gemalt, weil sie eben „Maria von Nazareth" ist, die wie keine andere die Unermesslichkeit erfahren und erlitten hat und deren intime Nähe mit Gott von keinem Menschen je übertroffen wurde. Sie war doch die Mutter Jesu, in dem Gott sein „menschliches Gesicht" gezeigt hat, wie Papst Benedikt XVI. am Ende seines Pontifikats nicht aufhörte zu betonen. Schon immer wurde sie deshalb auch als Spiegel ihres Sohnes gemalt, mit dem kompletten DNA-Satz Jesu, dem sie auf der Erde das Leben gab.

Martin Mosebach aber war es danach ein großes Anliegen, Maria noch einmal in einem Extrabesuch auf dem Monte Mario einen besonderen Dank für viele erfahrene Gnaden abzustatten, weil sie immer so „großzügig" zu ihm war. Im

Frühjahr 2017 machte sich der preisgekrönte Romancier an den Nil auf, um dort wie ein Reporter seine „Reise ins Land der koptischen Märtyrer“ aufzuzeichnen. Seine große Recherche über „Die 21“ galt jenen ägyptischen Wanderarbeitern, denen Dschihadisten des „Islamischen Staates“ zwei Jahre zuvor am Strand von Sirte in Libyen die Köpfe abgeschnitten hatten. Es war dieser Bericht, der Papst Franziskus schließlich bewogen hat, die Ermordeten im Mai 2023 in den Heiligenkalender der katholischen Weltkirche aufzunehmen, obwohl die koptischen Christen bislang nicht einmal die Taufe der Katholiken anerkennen! Es war ein Meilenstein der Ökumene zwischen Rom und den orientalischen Kirchen, dessen Pate Martin Mosebach damit geworden war. Und in seinem Reisegepäck hatte er selbstverständlich Michael Hesemanns „Maria von Nazareth“, als zuverlässigen Reiseführer in jenes Heilige Land am Nil, wo Maria zuerst als Anwältin angerufen wurde.

Brennendes Feuer

Papst Benedikt XVI. am 24. Juni 2012 vor der Advocata, nach dem gemeinsamen Stundengebet mit den Töchtern des heiligen Dominikus

Schreib das nicht!", hatte mir aber eine gute Freundin und Beraterin noch gesagt, als sie im Dezember 2006 den Entwurf meines Artikels für die WELT las, wo ich am Schluss geschrieben hatte: „‚Maria ist unsere Anwältin bei Gott', sagte Benedikt XVI. am 11. September in Regensburg. Darum habe sie den Titel ‚Advocata' erhalten. Ich sehe schon, wie ich sie wieder aufsuchen muss, und vielleicht auch der Papst. Wir werden sie alle noch nötig haben."

Ich solle es nicht übertreiben, meinte Mechthild. Wenige Tage zuvor hatte Papst Benedikt das heilige Schweißtuch in Manoppello aufgesucht. Da solle ich ihm keine neuen Vorschläge für seine Reisepläne machen. Den frommen Wunsch eines Papstbesuchs habe ich aber dennoch nicht gelöscht. Ich war der Ansicht, dass ein Besuch bei dem ersten Bild Christi einen Besuch bei der ältesten Ikone der Mutter nicht ausschloss, im Gegenteil. Papst Pius IX. hatte das Kloster reich beschenkt, Johannes Paul II. hatte es am 16. Dezember 1986 besucht. Warum sollte sein deutscher Nachfolger es da nicht auch aufsuchen?

Am 19. Mai 2010 hieß es dann plötzlich in einer Pressemitteilung des Heiligen Stuhls, der Papst wolle am Festtag Johannes des Täufers im Centro Orione auf dem Monte Mario die Statue der goldenen Madonna segnen. Diese Skulptur auf dem höchsten Punkt der Stadt hatte der jüdische Bildhauer Arrigo Minerbi im Jahr 1953 zum Dank dafür geschaffen, dass Rom im II. Weltkrieg vor der Zerstörung durch Deutsche und Alliierte bewahrt worden war.

Bei der Gestaltung der Gesichtszüge der Mutter Maria hatte sich Minerbi vom Foto-Negativ des Turiner Grabtuchs inspirieren lassen.

Weil seine riesengroße „Madonnina“ in Rom von Anfang an ein beliebtes Ausflugziel war, wurde das „Madönnchen“ auch rasch restauriert, nachdem ein schwerer Sturm die Statue am 12. Oktober 2009 umgeworfen und beschädigt hatte. Auch deshalb kam der Papst sie nach ihrer Restaurierung am 24. Juni segnen.

Auf dem Rückweg von dieser Weihe wolle der Papst aber auch noch die klausurierten Dominikanerinnen im nahen Rosenkranzkloster aufsuchen, die dem Kommunique zufolge „die antike Ikone der Jungfrau Hagiosorritissa (aus dem 7. Jahrhundert) hüteten, die auch Madonna des heiligen Lukas genannt werde, neben kostbaren Reliquien des heiligen Dominikus, der heiligen Catarina aus Siena und anderer dominikanischer Heiliger“. Die Nonnen waren außer sich.

Die Position ihres Klosters auf dem Monte Mario hat auch noch den Namen „Belsito“. Das ist die „schöne Lage“ und beste Aussicht – und die höchste Höhe innerhalb der Stadtgrenzen des modernen Rom. Außerdem gilt der Monte Mario auch noch als der „Heilige Hügel des Kreuzes“ aufgrund der alten Legende, dass dies der Punkt sei, wo Kaiser Konstantin am 26. Oktober 312 ein Kreuz am Himmel erschienen sei zusammen mit der Stimme aus der Höhe „In hoc signo vinces“ (In diesem Zeichen wirst du siegen). Danach ließ er seine Heerzeichen durch das Kreuz austauschen, und fügte seinem Gegenspieler Maxentius am nächsten Tag bei der Milvischen Tiberbrücke eine entscheidende Niederlage bei, als Auftakt zum Anbeginn des christlichen Abendlands. Lange vor der Ankunft der Advocata war der Ort also schon ein Scheitelpunkt der Geschichte Europas.

Bei der Ankunft der päpstlichen Autokolonne vor dem Kloster war ich selbstverständlich nicht als Beobachter zugelassen. Es herrschte höchste Sicherheitsstufe. So musste ich nachher anhand der offiziellen Fotos des Osservatore Romano die Geschichte der Begegnung lesen wie in einem Foto-Essay. Da sehe ich jetzt noch die ungläubige Freude der Mutter Oberin, als sie den Pontifex an diesem strahlenden Morgen vor dem Kloster empfängt; wie sie ihm später das Kristall-Reliquiar der Hand der heiligen Caterina zum Kuss hinhält und die Schädeldecke des heiligen Dominikus zeigt; und wie ergriffen sich die Schwestern danach vor ihm zum Kuss aufreihen. Sehe die aufgerissenen Augen der über 90jährigen Schwester Grazia über seiner Hand. Sehe, wie Schwester Carlota aus Kolumbien die Brille verrutscht, als sie dem Nachfolger Petri ihren Kuss wie eine Tangotänzerin an die Wange drückt, der nach Carlota den Kopf der 86jährigen Sakristanin Lina in beide Hände nimmt wie den einer kleinen Tochter.

Es war ein Schwelgen in Zärtlichkeit, das sich an den gemeinsamen Wechselgesang des Stundengebets anschloss, in dem es aus den Psalmen hieß: „Gepriesen sei der Herr, der uns nicht als Beute den Zähnen unserer Feinde überlassen hat. Wir wurden befreit wie ein Vogel aus der Schlinge des Jägers. / Die Schlinge wurde zerrissen und wir sind entkommen". Es war ein Fest.

Mit großer Freude habe er die Einladung zum Besuch dieses Klosters angenommen, sagte der Papst in einer kleinen Predigt, „um gemeinsam mit euch zu Füßen des Bildes der Gottesmutter von ‚San Sisto' zu verweilen, der früheren Schutzfrau der römischen Klöster". Danach aber ehrte er weniger die Bildtafel als die monastische Lebensform kontemplativer Orden, mit ihrer Gliederung des täglichen Lebens durch die Feier der Eucharistie und der Stundengebete, als integralen Bestandteil des verborgenen Weltwunders auf dem Monte Mario mit seiner schönen Aussicht auf die Stadt. Denn „die heilige Sehnsucht", fuhr er fort, „dass das

Reich Gottes im Herzen eines jeden Menschen Raum finde, ist mit dem Gebet selbst gleichzusetzen, wie es uns der heilige Augustinus lehrt: ‚Wie das Feuer, das brennt und nie verlöscht, so bleibt auch das Herz immer wach und voller Sehnsucht, und unablässig erhebt es sein Loblied zu Gott.‘ Aus diesem Grund habt ihr euch dafür entschieden, im Verborgenen und im Verzicht auf irdische Güter zu leben. Und wie das Herz das Blut zirkulieren lässt und den ganzen Leib am Leben erhält, so trägt euer verborgenes Leben mit Christus im Gebet dazu bei, die Kirche zu stützen. Ihr seid im mystischen Leib Christi die Herzmitte der Kirche und ein Werkzeug des Heils für alle Menschen, die der Herr mit seinem Blut erlöst hat.“

Ja, es war ein Fest, dessen Höhepunkt sich in dem Bild verdichtete, wie der gelehrte Professorenpapst aus Deutschland vor seinem Abschied im stillen Gebet wie hingegossen vor dem Gnadenbild der Advocata verweilte.

Göttliche Verborgenheit

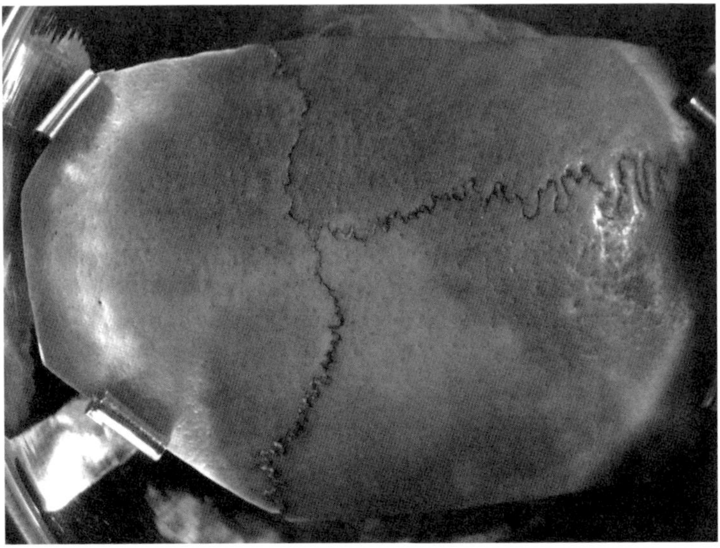

Die Schädeldecke des heiligen Dominikus, vom Gründer des Predigerordens, in einem Reliquiar des Rosenkranzklosters

Deshalb wird es nun auch endlich Zeit, an die Rolle Domingo de Guzmáns zu erinnern, wie der heilige Dominikus bei seiner Taufe in Spanien genannt wurde, und an die Rolle, die der von ihm gegründete Prediger-Orden für das Überleben und den Schutz der heiligen Ikone gespielt hat und immer noch spielt.

Der 28. Februar 1221 war ein Sonntag, als er das Gnadenbild der Advocata in Rom mit eigenen Händen von dem Kloster Sancta Maria in Tempulo rund 400 Meter weiter zum Anfang der Via Appia in das von ihm neu gegründete Kloster mit dem Namen „San Sisto" trug, das dem Märtyrerpapst Sixtus II. aus dem 3. Jahrhundert geweiht war. Schon neun Jahre vor seinem Predigerorden hatte der junge Spanier in Frankreich zuerst ein Frauenkloster gegründet, bevor er nun auch in Italien in dem alten Kloster Santa Maria in Tempulo unter Benediktinerinnen eine Gemeinschaft von Frauen fand, die er von dem Sinn des kontemplativen Lebens hinter Gittern überzeugen konnte, als erste Dominikanerinnen bei den Gräbern der Apostelfürsten.

Doch im letzten Moment sagten sie das Unternehmen ab. Warum? Sie hätten in ihrem Haus eine alte Ikone, erklärten sie Dominicus, wie sich Domingo in Rom auf lateinisch nannte. Und von dieser Ikone hieß es, der heilige Lukas habe sie gemalt. Die könnten sie unmöglich alleine lassen. Gut, beschied ihnen da der Reformer, dann müsse eben auch die Ikone mit ihnen in den neuen Konvent umziehen. So trug er sie am späten Abend des 28. Februar 1221 höchstpersönlich und barfuß vor ihnen her in sein neues Kloster. Zweiundvierzig Nonnen und viele Adlige folgten ihm durch die Winternacht. Die Dunkelheit hatte Dominikus gewählt, damit das Gros der Römer nicht merkte, wie ihre liebste Ikone in einer Klausur verschwand und keiner einen Aufstand gegen ihn anzettelte, weil er ihnen damit ihr teuerstes Bild der Gottesmutter nahm. Nach den Annalen des Klosters sollen die beiden Kardinäle Niccolò de Romanis und Stefano Ceccani den Ordensgründer dabei begleitet haben, obwohl Niccolò de Romanis, der Chefunterhändler und Legat des Papstes mit der Kirche von England, nach anderen Quellen schon 1218 gestorben ist. Jedenfalls hatte Dominikus sich die Inbesitznahme der Advocata von Papst Honorius III. persönlich erbeten, nachdem Papst Sergius III. zweihundert Jahre zuvor als letzter versucht haben soll, die Ikone von der eher schlichten Kirche Sancta Maria in Tempulo in die ehrwürdige Lateranbasilika zu übertragen. Doch da sei sie einfach nachts wieder „wie ein Vogel durch das Fenster" zurückgeflogen zu ihrem Ursprungsort. Doch damit befinden wir uns natürlich schon im Raum der Legende. Nicht legendär ist hingegen, dass sich das unwahrscheinliche Überleben dieser Ikone und ihre Rettung durch Dominikus einer außerordentlichen Krisenzeit der Kirche verdankt und einer faszinierenden Frauenbewegung des Mittelalters.

Sicher ist auch, dass das Gnadenbild damals in Rom höchst populär war und schon lange Advocata genannt wurde, als zuverlässige Anwältin der armen und sündigen Christen vor Gottes letztem Richterstuhl. So wurde San Sisto nun zum Protokloster seiner klausurierten Dominikanerinnen in Italien, als Ort selbstgewählter und lebenslänglicher Abgeschiedenheit, wo sich die Frauen als Gefangene um Christi willen vor allem dem Gebet, dem Gesang und dem Gotteslob widmeten. Seit diesem Tag bilden die Dominikanerinnen Roms mit der Advocata eine unzertrennliche Gemeinschaft des Gebets und der Verehrung, als pulsierendes Herz einer Bewegung, die später auch das Gebet des Rosenkranzes in der Christenheit verbreitete.

Die Übertragung der Advocata war die letzte Großtat des heiligen Dominikus gegen Ende seiner rastlosen Pilgerreise, auf der er nur sechs Monate später, am 6. August 1221, in Bologna gleichsam verglühte, nachdem er nur 51 Jahre zuvor in Caluerga auf dem spanischen Jakobsweg das Licht der Welt erblickt hatte. Schon zum Zeitpunkt seines Todes befand sich außerhalb Bolognas, auf dem Hügel *della Guardia*, eine Ikone, die dem heiligen Lukas zugeschrieben wurde, die im Jahr 1160 aus Byzanz hierhin gebracht worden war. Sie hat den Kopf nach links gewandt, zu ihrem Sohn auf dem Schoß, und die Köpfe von beiden sind nur wie durch zwei Fenster durch ein reich geschmücktes Oklad zu erkennen, das den Rest der Ikone verbirgt, die das Herzstück vom „Heiligtum der allerseligsten Jungfrau vom heiligen Lukas" ist. Der weithin sichtbare Zentralbau ist fast ein Wahrzeichen der Stadt Bologna und um einiges spektakulärer als die eher schlichte Dominikus-Basilika, wo wir dem Heiligen heute noch in seiner Grabeskapelle in die leeren Augenhöhlen schauen können, die er zu Lebzeiten wie kaum ein anderer auf die fast tödliche Krise der katholischen Kirche gerichtet hatte.

Denn Dominikus reifte heran in Tagen, wo es schien, ein Fieber habe Europa ergriffen, besonders in Südfrankreich und in Teilen Norditaliens, das immer neue Bevölkerungsteile ansteckte, als unter den Gebildeten jener Zeit eine Art neuer Gegenkirche entstand, in der die jüdischen Wurzeln des Christentums geleugnet wurden und das Alte Testament aus den heiligen Schriften verbannt werden sollte. Armut galt als hohes Ideal. Die Ernährung dieser „Erneuerer" war vegetarisch oder komplett vegan, und es wurde unter ihnen gefastet bis zum sprichwörtlichen Umfallen. Sie sahen sich als eine Gemeinschaft der Vollkommenen (lateinisch: perfecti) oder Reinen (griechisch „katharoi“) mit eigenen Theologen, Priestern, Bischöfen, Sakramenten und sogar Konzilien, und sie nannten sich „gute Christen“ oder „Freunde Gottes“.

Aus heutiger Erkenntnis dürfen wir sie wohl vor allem als frühe totalitäre Sekten begreifen und als eine Verführung, die die Christenheit immer wieder begleitet hat. Jedenfalls waren diese oft auch rabiaten Katharer oder Albigenser erbitterte Feinde der römischen Kirche und umgekehrt. Ebenso rat- wie hilflos ließ Papst Innozenz III. und sein Nachfolger sie zunächst in regelrechten Kreuzzügen mit Feuer und Schwert verfolgen. Dominikus hingegen, der Zeitgenosse des heiligen Franz von Assisi, erkannte wie kaum einer sonst, dass die starke Anziehung dieser Bewegungen nur durch eine innerkirchliche Reformbewegung gebrochen und überwunden werden könnte, niemals durch Gewalt. Er stammte aus der Nähe von Burgos in Kastilien, hatte Philosophie und Theologie studiert, war eine Zeitlang Mitglied des Domkapitels in Osma, mit einer besonderen Hinwendung zu den Armen und einer auffälligen Liebe zu Maria, zum Gebet, zur Betrachtung und zum Studium. Sein Charme und seine Sprachgewalt als Prediger erstaunten bald viele, ebenso seine Reiselust durch ganz Europa, wo er sich ein genaues Bild der abendländischen Gesellschaft des Mittelalters verschaffte.

Dabei war ihm aufgefallen, dass die Frauen bei den Katharern des Languedoc eine überragende Hauptrolle spielten. Frauen richteten die Versammlungsorte her, sorgten sich um die (schwarze) Bekleidung, organisierten die Aufnahme der Novizen, und waren überhaupt die Hüterinnen der neuen Riten und Regeln der „Ketzer“, wie die Katharer bald von den Katholiken genannt wurden. Da gründete Dominikus zusammen mit Diego de Acebo im Jahr 1206 in den Ruinen des Dörfchens Prouille in der Nähe von Fanjeaux zwischen Carcassone und Toulouse – also mitten im Hoheitsgebiet der rebellischen „Vollkommenen"! – mit einigen Augustinerinnen ein erstes kontemplatives Frauenkloster als Zuflucht für Frauen, die sich von den Katharern lösen und wieder zur römisch-katholischen Kirche zurückkehren wollten, mit weißem Ordensgewand, in strahlendem Kontrast. Es war wirklich ein Kraftwerk des Gebets, das der Gründung seines eigenen Prediger-Ordens im Jahr 1215 vorausging, dem Dominikus als Hauptaufgabe vorschrieb, durch Wort und Beispiel die Irrgläubigen zu bekehren. Der Orden nach der Regel des heiligen Augustinus wurde 1216 von Papst Honorius III. bestätigt, der auch die Regeln der Franziskaner und Karmeliter absegnete.

Doch anders als im Karmel mit seinen späteren großen Frauengestalten von Teresa von Avila bis zu Edith Stein, oder als beim heiligen Franziskus, dessen Charisma in der heiligen Klara ein weibliches Gegenüber fand, oder dem heiligen Benedikt, der in Scholastika eine Schwester fand, die ihn auf weiblicher Seite ergänzte, muss bei Dominikus unbedingt der Zauber erwähnt werden, den er selbst auf Frauen ganz allgemein ausübte. Als einen „Womanizer" im heutigen Sinn darf man ihn sich jedoch nicht vorstellen. Er war keusch wie ein Minnesänger. Dennoch war er ein heiliger „homme des femmes", dem die Damen und Mädchen scharenweise zuliefen. Als Dominikus am 8. August 1221 starb, soll er sich zuvor von seinen Mitbrüdern mit den Worten verabschiedet haben: „Ich habe in allem nach Vollkommenheit gestrebt. In manchem habe ich sie erreicht. In einem aber bin ich unvollkommen geblieben. Denn viel lieber als mit euch, geliebte Brüder, habe ich mich stets mit jungen Frauen unterhalten." Hundert Jahre später nannte Catharina von Siena ihn „nostro dolce Spagnolo": unseren süßen Spanier, dessen strenger Orden ihr „wie ein Garten" erschien, „unermesslich schön, voll Duft und guter Laune."

In dem alten Frauenkloster San Sisto Vecchio vor der Via Appia, wohin Dominikus das Gnadenbild des Lukas vor seinem Tod zuerst getragen hatte, zeigte uns eine Schwester Ernestine bereitwillig das Refektorium, in dem Dominikus sein „Brotwunder" gewirkt hatte. Demnach brachten auf nichts als sein Gebet hin hier zwei Engel den hungrigen und durstigen Mitschwestern Brot und Wein, als wäre es nichts. Die Schwester zeigte uns das ganze Haus und in einem verschlossenen Treppenhaus auch noch „ein Fresko des Heiligen, das zu seinen Lebzeiten gemalt wurde". Die Treppenstufen standen voll mit verstaubten leeren Flaschen. Ich sah zu, dass ich mir nichts brach, als ich über sie hinweg stieg, und oben mit Blitz in einem versteckten Winkel ein Foto des Freskos machte, wo das bloße Auge schon lange nichts mehr sah: von einem alterslosen Jüngling mit geschorenem Kopf, leicht offenem staunendem Mund und sinnenden Augen, dem man alles ansah, nur nicht seine fünfzig Jahre, die er damals in etwa schon haben musste.

Wohlgemerkt – er hatte vor seinem berühmten Predigerorden zuerst ein Frauenkloster in Frankreich gegründet, dem er als wichtigste Aufgabe das Gebet verordnete. In dem männlichen Teil des Ordens der Prediger hingegen legte Dominikus wie nirgendwo sonst im Abendland Wert auf die gründliche und jahrelange Bildung und Ausbildung des Klerus. In diesem Sinn wurden die Dominikaner so etwas wie die Jesuiten des Mittelalters. Der lateinische Begriff VERITAS (Wahrheit) leuchtete über ihren Bemühungen wie der Polarstern für Seefahrer in unbekannten Meeren und Tiefen. Bald sollten die Dominikaner die Wissenschaft des Mittelalters in allen Gebieten revolutionieren. Vor allem aber wurde der neue Orden des heiligen Dominikus eine Schule der Heiligkeit und der Heiligen. Thomas von Aquin, der vier Jahre nach dem Tod des Ordensgründers geboren wurde, war Dominikaner. Als „Doctor Angelicus“ wurde er schon zu seiner Lebzeit als „engelgleich“ gerühmt. Er war der größte christliche Gelehrte des Mittelalters, der seine Lehre in den Worten zusammenfasste: „Die größte Freundlichkeit, die wir einem Menschen erweisen können, besteht darin, ihn vom Irrtum zur Wahrheit zu führen.“ Auch Albertus Magnus, der Lehrer Thomas‘, war ein Sohn des heiligen Dominikus.

In den großen Konfliktlinien des späten Mittelalters und der frühen Neuzeit finden wir Dominikaner oft in den vordersten Gräben, unter ihnen viele Säulen der Geistesgeschichte. Töchter oder Söhne des heiligen Dominikus waren später Catharina von Siena, Meister Ekkehart, Heinrich Seuse, Bartolomé de las Casas, Rosa von Lima oder Papst Pius V., der Verteidiger Europas, der sein weißes dominikanisches Ordenskleid erstmals als Habit der Päpste wählte – bis hin zu Johann Tetzel, dessen flammende Ablasspredigten den Augustiner Dr. Martin Luther so unglücklich herausforderten.

Der Schädel des heiligen Dominikus in der Klausur des Klosters auf dem Monte Mario hat Poren, so lebendig, als könnte er jetzt noch dadurch atmen. Die mäandernde Naht seiner Schädeldecke hat etwas von einem Fluss auf einer Landkarte oder einem Satellitenfoto. Seinen Frauen aber vertraute er den größten Schatz überhaupt an, den je ein Orden besaß: Das war das Urbild der Madonna mit dem Silberblick. Dieses unvergleichliche Kleinod hüten sie heute wie am Anfang in ihrer Mitte, seit 800 Jahren schon, als Spiegelbild göttlicher Verborgenheit.

Recherchen in Ruinen

Ruinen der antiken Marienkathedrale in Ephesus
beim Grab des heiligen Evangelisten Johannes unterhalb
vom „Haus Mariens“ auf dem Nachtigallenhügel

Dem Ursprung dieses Urbilds zuliebe müssen wir uns deshalb jetzt den letzten Jahren Marias zuwenden, mit einem Erzählstrang, den wir aus den Worten der Schrift und verschiedenen Zeugnissen der Überlieferung flechten wollen. Thomas von Aquin hielt in seiner Summa Theologiae fest: „Die Apostel haben manches, was der Herr gelehrt hatte, mündlich unter dem Beistand des Heiligen Geistes den Gläubigen überliefert, ohne es der Schrift anzuvertrauen. … Deshalb heißt es im zweiten Brief des Paulus an die Thessalonicher: ‚Seid also standhaft, Brüder, und haltet an den Überlieferungen fest, in denen wir euch unterwiesen haben, sei es mündlich, sei es durch einen Brief.'" Auch die Verehrung der Bilder zähle zu diesen Überlieferungen wie jener, „dass der heilige Lukas ein Bild gemalt haben soll, welches zu Rom aufbewahrt wird."

Der Vorgabe, dass für den Glauben der Christen neben der Heiligen Schrift auch die Überlieferung wesentlich ist, wollen wir hier aber auch noch die eigene Vorstellungskraft hinzufügen und die sicheren Leitplanken der Plausibilität. Für eine solche Erinnerung stellen wir uns nun zunächst noch einmal zusammen mit der Mutter Jesu, Maria aus Magdala und der Frau des Kleopas, einer dritten Maria, unter das Kreuz, an dem ihr Sohn angenagelt zwischen zwei Verbrechern hängt. Auch Johannes ist dabei, den „Jesus liebte". Ein grauenhafter Anblick tut sich hier vor ihnen auf. Jesus nackt und voller Blut. Blut fließt aus den Wunden der Peitschenhiebe seiner Peiniger und aus den Wunden der Spottkrone, deren Dornen ihm in die Stirn geprügelt worden waren. Nicht zu reden von den Nägeln durch seine Handgelenke und Füße. Blut am Holz, in seinen Augen, in seinem Mund, in seinem Bart, Blut überall, im Fluss und verkrustet. Es ist drückend schwül. Fliegen umsurren ihn. Wüstenwind überfällt gerade die Stadt. In fünf Minuten wird es schwarz wie in der Nacht über dem Golgathafelsen. Jesus bekommt fast keine Luft mehr. Da reißt er die verklebten Augen noch einmal weit auf, richtet sie in dem Dämmer auf seine Mutter und röchelt: „Frau, siehe, dein Sohn!“ Danach wendet er den Blick zu Johannes und sagt: „Sieh, deine Mutter!“ Haben wir je von einem eindringlicheren Vermächtnis gehört? Nein! Danach röchelt Jesus nur noch einmal: „Ich habe Durst!“ Er bekommt von einem Legionär einen Schluck Essig in einem Schwamm hochgereicht, saugt einen Schluck, hustet und schreit: „Es ist vollbracht!“. Und stirbt und ist tot.

Im Evangelium des Johannes heißt es an dieser Stelle lakonisch: „Von der Stunde an nahm der Jünger sie zu sich.“ Es ist, wohlgemerkt, derselbe Jünger, der das schreibt. Lässt sich da an der Zuverlässigkeit seiner Behauptung zweifeln? Nein. Nichts zwang Johannes, diese Adoption der Mutter hier zu erwähnen.

Doch nun geschieht Merkwürdiges. Diese bewegende Szene ist auch der Abschied Marias aus seinem Evangelium. In seinem Evangelium erwähnt Johannes die Mutter Jesu danach nicht mehr. Wir wissen nicht, warum das so ist, und die gelehrtesten Theologen wissen es auch nicht. Nach dem Kreuzestod und der Entdeckung des leeren Grabes mit dem Lichttuch und dem „Nichttuch“ ist jedenfalls nur noch von Maria Magdalena die Rede und von Petrus und Johannes. Dem zweifelnden Apostel Thomas und diesen Kronzeugen der Auferstehung gehört danach auch der Schluss des Johannes-Evangeliums. Die beiden aber, Petrus und Johannes, bleiben hervorgehoben unter allen Aposteln der jungen neuen Kirche.

Auch in der Apostelgeschichte des Evangelisten Lukas treten die beiden Entdecker der Grabtücher noch achtmal gemeinsam auf. Bei der Himmelfahrt Christi und dem Pfingstfest neun Tage später sehen wir alle Apostel in der betenden Urgemeinde noch um Maria versammelt. Doch dann begegnen uns Petrus und Johannes im dritten Kapitel schon wieder hervorgehoben, wie sie an der „Schönen Pforte" des Tempels einen von Geburt an gelähmten Bettler heilen, der danach im Tempel herumläuft und umherspringt und Gott laut lobt.

Weil sich der Geheilte den beiden danach anschloss und „das ganze Volk, außer sich vor Staunen, in der so genannten Halle Salomons zusammenlief", ergriff Petrus im Tempel erneut das Wort für eine Art zweiter Pfingstpredigt. Beide wurden danach festgenommen und dem Hohen Rat vorgeführt, der ihnen verbot, weiter im Namen Jesu zu lehren, worauf es heißt: „Doch Petrus und Johannes antworteten ihnen: Ob es vor Gott recht ist, mehr auf euch zu hören als auf Gott, das entscheidet selbst. Wir können unmöglich schweigen über das, was wir gesehen und gehört haben." Wo Maria bei diesen Ereignissen war, die Johannes doch „zu sich genommen" hatte, erzählt die Apostelgeschichte aus der Hand des Evangelisten Lukas nicht.

Stattdessen berichtet Lukas in seinem Bericht ausführlich von dem Auftreten des Diakons Stephanus und seiner Steinigung in Jerusalem unter den Augen Sauls, dem berühmtesten Schüler des rabbinischen Schriftgelehrten Gamaliel. Und er erzählt, wie in der anschließenden Verfolgung der ersten Christen „alle in den Gegenden von Judäa und Samarien zerstreut wurden, mit Ausnahme der Apostel". Auch hier wird Maria, die Mutter Jesu, nicht eigens erwähnt, die Johannes doch zu sich genommen hatte. Das war erst recht vor der Bedrohung Sauls notwendig geworden, der nun in Jerusalem wütete und in die Häuser eindrang, um Männer und Frauen der christlichen Urgemeinde zu verschleppen und ins Gefängnis einzuliefern. Großen Raum nimmt dafür bei Lukas danach die Bekehrung desselben Saul vor Damaskus ein, wo ihn eine visionäre Begegnung mit Christus in dessen glühendsten Anhänger und Missionar verwandelt. Fortan nennt er ihn nur noch Paulus. Dass er ihm so viel Raum widmet, dessen enger Mitarbeiter er später wird, ist nicht verwunderlich. Als dann aber die Apostel in Jerusalem erfahren, dass sich weiter nördlich, in Samarien, um das heutige Nablus, viele haben taufen lassen, senden sie Lukas zufolge schon wieder das Apostelpaar Petrus und Johannes dorthin, um den heiligen Geist auf die Getauften herabzurufen, den sie selbst am ersten jüdischen Schawuot-Fest nach der Hinrichtung und Auferstehung Christi auf dem Zionsberg empfangen hatten. Danach verliert sich die namentliche Erwähnung des österlichen Entdeckerpaars in der Apostelgeschichte vollständig und auch der Name Marias.

Von Petrus hingegen berichtet Lukas weiter, doch in schwer bestimmbaren Zeitsprüngen. Wir erfahren, wie er von König Agrippa I., einem Enkel des Herodes, festgesetzt, doch in derselben Nacht gerettet und zum „Haus der Maria geführt wird, der Mutter des Johannes mit dem Beinamen Markus, wo nicht wenige versammelt waren." Vor der Verhaftung des Petrus hatte derselbe König Agrippa aus Gefälligkeit für Jerusalems Pharisäer schon den Apostel Jakobus mit dem Schwert hinrichten lassen, den Bruder des Johannes, „den Jesus liebte"! Die Brüder waren mit Petrus bei der Verklärung Christi auf dem Berg Tabor zugegen und in der Stunde von dessen Todesangst am Fuß des Ölbergs. Der Willkür-Mord an Jakobus geschah im Jahr 42, als König Agrippa auch wieder römische Münzen ohne das Bild des Kaisers Claudius für sein Herrschaftsgebiet in Judäa prägen ließ, um dem strengen Bilderverbot seiner gereizten Untertanen in der jüdischen Kultur entgegen zu kommen.

Nach diesem ersten Mord an einem der zwölf Apostel beginnt Lukas dann von den Reisen des Paulus zu berichten, während sich die restlichen Elf von Jerusalem aus in alle Welt aufmachen, um überall das Evangelium zu verkünden. So tat es auch Johannes, der jüngere Bruder des Jakobus, in berechtigter Sorge um Maria, um deren Leben er nun aus guten Gründen bangte. Musste er seine „Mutter" nach der Ermordung seines Bruders nicht in Sicherheit bringen? Ja, das musste er. So zog er mit ihr nach Ephesus, natürlich immer mit dem spinnwebfeinen wahren Bild ihres Sohnes auf jenem Schleier, den Johannes mit Petrus im leeren Grab gefunden hatte. Von diesem Umzug nach Ephesus berichtet die Apostelgeschichte nicht wörtlich. Wohl aber erzählt der archäologische Befund der türkischen Stadt Selçuk südlich von Smyrna davon und verschiedene Überlieferungen. Neben dem Trümmerfeld des antiken Ephesus finden wir dort vom Grab des Johannes in den Ruinen der Marienkirche nur noch eine Marmorplatte. Vier freie Säulen stehen da herum für einen Baldachin, der sich einmal darüber spannte. Das ist alles, was davon übriggeblieben ist. Doch gerade hier wurde auf dem Ökumenischen Konzil von 431 das Dogma von der Gottesmutterschaft Mariens feierlich verkündet. Das Grab des Johannes war leer, heißt es, als man es vor Jahrhunderten öffnete. Nur eine Handvoll Staub war noch auf dem Boden, den der Wind gleich verwehte.

Dieses Grab war einmal das Herz jener Marien-Basilika, die Kaiser Justinian hier mit Steinen eines früheren Artemis-Tempels hatte erbauen lassen. Sie war einer der prächtigsten Sakralbauten Kleinasiens. Der Hagia Sophia in Konstantinopel stand diese Basilika kaum nach, bevor ein Erdbeben und die Reitertruppen Timur Lenks dem Gotteshaus im 14. Jahrhundert ein Ende bereiteten. Dennoch bleibt dieses Zeugnis nicht weniger beredt für den Aufenthalt und das Sterben des Johannes in Ephesus als es jedes Schriftzeugnis könnte. Denn von einem Grab Mariens, die Johannes doch „zu sich" genommen hatte, ist hier weit und breit nichts zu sehen, als deutlich sprechendes Vakuum. Es gibt kein Grab von ihr in der Marien-Basilika. Maria ist hier nicht gestorben.

Davon erzählt auf dem Nachtigallen-Hügel im Osten von Ephesus auch ein kleines byzantinisches Gebäude über Fundamenten aus dem ersten Jahrhundert, das die Türken „Meryem Ana Evi" nennen: Das Haus der Mutter Maria. Hier oben hat Johannes an der Seite Marias begonnen, sein eigenes Evangelium zu schreiben. Im Gegensatz zu den Evangelien des Markus, Matthäus und Lukas stammt und kommt es „aus dem Schweigen Marias", wie die Theologen der orthodoxen und orientalischen Kirchen später sagten. Herbstlicht flimmerte in jedem Zweig der Bäume um das Haus, als wir es am 28. November 2006 einmal aufsuchten, bevor einen Tag später Papst Benedikt XVI. zu dem Heiligtum kam und seine Predigt in der Eucharistiefeier mit dem Ave Maria auf Türkisch beschloss: „Aziz Meryem Mesih'in Annesi bizim için Dua et.«

Französische Lazaristenpatres haben das Haus am 29. Juli 1891 nach Visionen der stigmatisierten Nonne Anna Katharina Emmerick aus Coesfeld im Münsterland entdeckt, bei der ich vor Jahren auch gelesen hatte, dass nach ihren Visionen „das erste von Lukas gemalte Bild der Muttergottes noch ‚irgendwo' erhalten sei." Doch ein Grab Mariens hat hier oben über Ephesus trotz aller Visionen und trotz intensivster Suche auch noch kein Archäologe gefunden. Es ist nur ein lichtdurchfluteter kleiner Paradiesgarten um das kleine Haus auf dem Hügel, von dem man das Azurblau der Ägäis sehen kann und geradewegs in die Tiefe des Universums hinein. Das Haus Marias atmet Seligkeit.

Für die zuverlässige Lokalisierung des Grabes Marias aber kommen uns auch wieder verschiedene Überlieferungen zu Hilfe. Das ist einmal die Ortstradition Jerusalems mit dem Mariengrab am Fuß des Ölbergs. Und es sind uralte Erzählungen, dass alle Apostel zum Tod Mariens noch einmal zusammenfanden. Davon hat mir schon meine Mutter erzählt. Diese letzte Zusammenkunft der Apostel am Sterbebett Marias ist auch ein klassisches Motiv vieler Ikonen, als Ausdruck einer kollektiven Erinnerung. Doch wie soll das je möglich gewesen sein in einem Zeitalter, wo Petrus und Johannes nicht einfach alle Apostel anrufen oder in einem Gruppenchat eine Nachricht absetzen konnten, etwa mit den Worten: „Alarm an alle: Maria geht es nicht gut. Wir fürchten das Schlimmste. Könnt ihr bitte alle rasch kommen, wenn ihr sie noch einmal lebend sehen wollt!" Es klingt lächerlich und ist es auch. Es war unmöglich.

Eine letzte Zusammenkunft an ihrem Totenbett war aber nicht unmöglich bei einer einzigen Gelegenheit. Das war das Apostelkonzil im Jahr 48 in Jerusalem, wo schließlich die Öffnung der anfangs rein jüdischen Urkirche gegenüber Nichtjuden beschlossen wurde. Dieses erste „Konzil" der zwölf Apostel war bahnbrechend für die christliche Universalkirche. Hier wurde von Paulus die Heidenmission durchgesetzt und die große Zeit der Vermählung von jüdischer mit griechisch-römischer Kultur. Von Vernunft und Glaube. Eine jede ethnische, regionale und konfessionelle Identität überwölbende Universalität, ein von individueller Verantwortung geprägtes universales Sittengesetz, dessen jüdischer Strenge das messianische Gebot der Feindesliebe als neue Hefe beigegeben wurde. Das konnte davor noch keiner ahnen. Dafür kamen alle Apostel nach langer Vorbereitung zurück nach Jerusalem, um am Ursprung der Geistsendung gemeinsam wichtige Streitfragen zu entscheiden. Dass Johannes bei dieser Gelegenheit auch Maria mitbrachte und sie nicht allein in Ephesus zurückließ, ist selbstverständlich. Und kein anderer als Lukas schreibt in seiner Apostelgeschichte, dass aus diesem Anlass auch „Paulus und Barnabas und einige andere von ihnen nach Jerusalem hinaufziehen sollten zu den Aposteln und Ältesten, um dieser Streitfragen willen." Dennoch übersehen wir meist, dass sich dabei auch Maria und Paulus erstmals getroffen haben müssen – und Lukas, der Begleiter des Paulus und Chronist dieses Konzils, der sich in diesem Bericht zurückhaltend unter „einige andere" einreiht.

„Demütige Bescheidenheit ist bei Lukas eine hervorstechende Eigenschaft", schreibt Clemens Henze, der große Lukas-Kenner. Hier also bekamen Lukas und Paulus erstmals auch das wahre Lichtbild auf dem schwerelosen Schleier zu sehen, das bis dahin rund zwanzig Jahre im Geheimraum der christlichen Urgemeinde existiert hatte, am Herzen Marias.

Albertus Magnus

Albert Christian Sellner, Freund und Kollege des Autors seit 1979.
Publizist des anarchistischen Magazins „Pflasterstrand"
in Frankfurt am Main und des „immerwährenden Heiligenkalenders"
Hans Magnus Enzensbergers

Ich sehe schon kommen", sagt mein Freund Albert Christian leise lachend an dieser Stelle, „dass Du am Ende tatsächlich behaupten willst, der Evangelist Lukas habe Deine Advocata gemalt, als die älteste aller Marienikonen. Dass Kunsthistoriker darüber keine Augenbraue heben werden, weißt Du. Was macht Dich eigentlich so skeptisch gegenüber der Expertise dieser Experten, besonders zu Fragen der Datierung?"

Albert ist mein ältester Kollege und lebt in Frankfurt am Main, wo ich ihn von Rom aus in einer kleinen Zoom-Konferenz um seinen Rat gebeten habe. „Die Wettbewerbe um die Datierung frühester Bilder sind komisch und grotesk, aber nicht zum Lachen", antworte ich ihm. „Das fängt bei vielen Behauptungen um das wahre Bild auf dem Schweißtuch Christi an und hört bei der Advocata natürlich nicht auf, wie zum Beispiel eine spektakuläre Ausstellung im Palazzo Venezia in Rom zeigte, die im Dezember 2012 vierzehn Ikonen aus dem Latium unter dem Titel präsentierte: ‚Wundertätige Bildtafeln – die mittelalterlichen Ikonen Roms und des Latium' (Tavole Miracolose – Le icone medioevali di Roma e del Lazio). Die Zusammenführung der Tafeln war eine Sensation. Da störte das Paradox kaum einen Betrachter, dass hier die ‚Madonna mit Kind' aus dem 6. Jahrhundert und aus der Sakristei der Kirche Santa Maria Nova auf dem Forum Romanum dem Evangelisten Lukas zugeschrieben und als älteste von allen vorgestellt wurde. Auch die Advocata wurde für diese Ausstellung von den Dominikanerinnen ausgeliehen. Sie aber, die im Rosenkranzkloster hinter ihrem Gitter immer hell aufleuchtet, wurde hier überraschend schattig vorgestellt, in abgedimmtem Dämmerlicht. Im opulenten Katalog der Ausstellung bescheinigte ihr der Kunsthistoriker Giorgio Leone dazu in einem verwirrend gelehrten Aufsatz mit vielen Quellenverweisen eine Herkunft aus dem syro-palästinensischen Raum oder aus Konstantinopel – oder aber aus dem ersten Drittel des 7. Jahrhunderts in Rom – oder zwischen dem 7. oder 8. Jahrhundert und ‚auf jeden Fall vor dem Jahr 815'. Schließlich gebe es auch noch die Möglichkeit einer wissenschaftlich wohl begründeten Datierung für das erste Drittel des 12. Jahrhunderts. Es war ein wenig verrückt, aber störte keinen, wie fast immer in solchen Zusammenhängen, wo der Inhalt der Kataloge so gut wie nie kritisch wahrgenommen wird."

„Im Übrigen muss ich Dir Recht geben", fuhr ich fort. „Ganz ehrlich habe ich nie damit gerechnet, dass wahr sein könnte, dass sich ein Bild aus der Hand des heiligen Lukas erhalten hat, wie es in den Traditionen des Ostens schon immer angenommen wurde und wie es auch das kleine Faltblatt voller Unschuld behauptete, das ich 2005 noch am Gitter vor der Ikone fotografiert habe. Das konnte ich nicht glauben und habe es nie geglaubt. Dafür bin ich wohl einfach zu deutsch und hatte zu lange mit Schriftgelehrten zu tun. Ich gehöre, wie Du weißt, mit Dir einer entfremdeten Generation an, die sich in allem schlauer findet, gerade in Glaubensdingen. Deshalb fand ich den Anspruch eher lächerlich. Doch eben diesen Anspruch beginne ich nach der Abwägung aller Argumente, für ganz und gar vernünftig zu halten. Es war ein geistiges Abenteuer in der Niederschrift dieses Buches, an dessen Ende ich jetzt sage: Ja, der Evangelist Lukas, von dem moderne Theologen kaum wissen wollen, dass er überhaupt gelebt hat, hat die Ikone gemalt oder ‚geschrieben'. Fast zwanzig Jahre nach meiner Liebe zur Advocata auf den ersten Blick bin ich mir dessen heute ganz sicher, nach all meinen Beobachtungen und Überlegungen. Keiner aller Experten, deren Meinung ich eingeholt habe, hat versäumt zu erwähnen, dass sie seit vielen Jahrhunderten immer wieder dem heiligen Lukas zugeschrieben wurde. Keiner lässt allerdings den Gedanken auch nur ansatzweise zu, dass das auch wirklich so gewesen sein könnte, bis auf Melanie von Claparède, die Grande Dame ihrer Zunft im Altmühltal. Und auch ich sage Dir, dass es so und nicht anders war. Lukas und kein anderer hat die Advocata gemalt oder geschrieben. Die Madonna Stefan Lochners in Köln hat in dieser Tafel ihren Ursprung und die Madonna Martin Schongauers in Colmar, beide atemberaubend, und alle Madonnenbilder Filippo Lippis, Fra Angelicos, Raffaels und wie die Meister noch alle hießen. Und alle Ikonen Marias natürlich. Alle sind sie auf diesen einzigen Ursprung zurückzuführen. Die Advocata aus der Hand des Lukas ist die erste menschliche Antwort auf das wahre Bild des Menschensohns aus der Hand Gottes und sie ist so authentisch wie die Holztafel über dem Haupt Christi am Kreuz, auf der Pilatus seinen Schuldspruch vom ‚König der Juden' begründen ließ, die heute in der Basilika Santa Croce in Gerusalemme in Rom verwahrt wird. Und sie stammt nicht aus dem 8., 7.oder 6., sondern aus dem Jahr 48 im 1. Jahrhundert, zwölf Jahre nach dem Tod ihres Sohnes am Kreuz. Das viel spätere ‚Zeitalter der Kunst' wurde durch diese Bildtafel begründet. Unsere Kunst stammt nicht von den Höhlen der Ardèche in Südfrankreich ab, sondern von einer allerersten Ikone der Christenheit, in der das jüdische Bilderverbot erstmals überwunden wurde. Hier ist sie." Hatte ich nach Luft geschnappt? – „Nun mach mal halblang, Paul, und reg Dich ab!", entgegnete mein Freund mir trocken.

Ich kenne Albert Christian Sellner seit dem 18. Februar 1979. Genau einen Monat vor der Geburt unserer Tochter

Maria Magdalena habe ich ihn erstmals gesehen. Da hatte es dem lieben Gott gefallen, uns vom einen auf den anderen Tag aus verschiedenen Universen und ohne jede journalistische Ausbildung als Redakteure an einen einzigen Schreibtisch zu katapultieren. Das war im ersten Stock einer Gründerzeitvilla in der Freiherr vom Stein-Straße im Frankfurter Westend, gegenüber der großen Synagoge, wo die Redaktion von Deutschlands damals einziger satirischer Zeitschrift „Pardon" ihren Sitz hatte. Albert wurde unmittelbar nach dem letzten Weltkrieg im heutigen Litomerice in der Tschechoslowakei geboren und kam aus Neumarkt in der Oberpfalz, wohin seine Eltern kurz danach vertrieben wurden. Ich kam aus einem Dorf vom linken Niederrhein, das der große Krieg so gut wie komplett verschont hatte. Unsere Begegnung fiel mit der wohl größten Wende unseres Lebens zusammen. Das Monatsmagazin war ein Witzblatt und das antikatholischste Medium der alten Bundesrepublik. Doch für uns beide waren es zwei Traumjobs, die uns einen Höllenspaß bereiteten, nachdem wir einen Tag vorher nach Jahren des Studiums beim Arbeitsamt in Frankfurt noch als arbeitslose Akademiker gemeldet waren. Seit diesem Tag hat Albert viele meiner Wege und Irrwege mit skeptischer Neugier und Nachsicht von Nahem und aus der Ferne betrachtet und begleitet. Er war von Haus aus böhmisch-katholisch und in Frankfurt ein quicklebendiger Anarchist der radikalen Sponti-Szene geworden, ich versuchte mit meiner Frau damals seit fünf Jahren wieder Fuß in der katholischen Kirche zu fassen und jene Heimat zu finden, die ich in den revolutionären Wirren um das Jahr 1968 ein wenig verloren hatte. Albert wurde Zeuge, als ich im Herbst 1979 meinen ersten Urlaub als Redakteur nutzte, um mit Ellen und unserer winzigen Mia und ihrem Bruder Jakob in einem rostigen Volkswagen Papst Johannes Paul II. hinterher zu reisen (in das kommunistisch-katholische Land Mordor hinter dem Eisernen Vorhang, zur Ikone der dunklen Jungfrau auf dem hellen Berg, in der mir damals erstmals ein lebendiges Bild begegnete). Drei Jahre später war er der Erste, der mich zu meinem Missbehagen davor warnte, dass das theologische El Dorado, das ich gerade voller Begeisterung und Übermut in München entdeckt zu haben meinte, in Wirklichkeit eine katholische Sekte war, die sich hinter Kardinal Ratzinger versteckte, bevor diese Erkenntnis vierzig Jahre später auch den deutschen Bischöfen dämmerte. Es ist alles eine Ewigkeit her. Und es ist ein anderes Wunder, wie ich Albert vor dem Ende unserer Wege als kritischen Begleiter dieses Buches wiedergewinnen konnte, als ihn schwere Krankheit behinderte und plagte, über die er nie klagte. „Der liebe Gott tut nichts als fügen", hat meine Mutter oft gesagt. Da muss ich ihr jetzt noch Recht geben, wo ich den lieben Gott zudem dafür bewundere, in welchen großen Bögen er denkt und wie er fügt, was er Jahrzehnte später wieder zusammenbringen will. Weil Albert so ungeheuer belesen und kritisch ist, nenne ich ihn gern Albertus Magnus, nach dem großen Gelehrten der Dominikaner, der zum Lehrmeister des heiligen Thomas aus Aquin wurde. Das war lange im Scherz, jetzt ist es nur noch ernst.

Und er kennt mich lange genug, dass er nicht erschrickt, wenn ich mich wieder einmal für meine Entdeckungen ereifere. „Aber wie erklärst Du Dir das einhellige Urteil der Kunsthistoriker, von denen keiner die Legende einer angeblichen Ikone des heiligen Lukas ernst nehmen kann?", sagte er jetzt. „Oder willst Du mir vielleicht sagen, dass Du gerade dabei bist, eine Verschwörung der Experten aufzudecken?"

„Das will ich deshalb auf keinen Fall, weil es eine solche Verschwörung nicht gibt. Ich bin allerdings der Überzeugung, dass Legenden grundsätzlich ernst genommen werden sollten und dass viele von ihnen ein Recht haben, vernünftig dechiffriert zu werden wie verschlüsselte Botschaften aus der Tiefe der Geschichte. Und auch das stimmt: es gibt tatsächlich eine Entfremdung von den Ursprüngen der Bilder innerhalb der Kunstgeschichte, die sich vielleicht am besten am Beispiel Giorgio Vasaris aus dem 16. Jahrhundert beleuchten lässt, der als ‚Vater der Kunstgeschichte' überhaupt gilt. Das Beispiel geht so: Im Jahr 1550 legte Vasari sein Hauptwerk vor über die ‚Lebensgeschichten der herausragendsten Architekten, Maler und Bildhauer Italiens'. Vierzig Jahre zuvor hatte der damals 25 Jahre alte Raffael in Rom in der ‚Sala della Segnatura' für Papst Julius II. ein großflächiges Wandfresko geschaffen mit einem Altar in der Mitte. Darauf eine Monstranz mit einer eucharistischen Hostie, darüber der Heilige Geist in Gestalt einer Taube, darüber der auferstandene Christus zwischen Maria und Johannes, darüber Gottvater in einem Heer von Engeln. Um sie herum Patriarchen, Apostel, Evangelisten und Heilige neben Kirchenvätern und Geistesgrößen seiner Zeit. Es ist Raffaels Meisterwerk zur Anbetung der verwandelten Hostie, mit der das junge Genie folgende Lehre ins Bild hob: ‚Die bleibende Gegenwart Gottes ist das Zentralgeheimnis der katholischen Kirche. Das ist ihr ‚Allerheiligstes'! Doch eben diesem kühnen Meisterwerk Raffaels über den Triumph der Verwandlung der Materie im Herzen des katholischen Glaubens gab Meister Vasari in seinem Hauptwerk gegen allen Augenschein den Titel ‚Disputa del Sacramento', als würde hier das eucharistische Geheimnis von irgendjemandem disputiert und in Frage gestellt. Das Fresko zeigt das genaue Gegenteil. Es ist nicht die einzige falsche Spur, die Vasari gelegt hat. Doch unter diesem offenkundig irrigen Titel wird dieses Fresko Raffaels noch heute im Herzen der Vatikanischen Museen allen Besuchern vorgestellt. Und kein Mensch im Vatikan wagt daran zu denken, an diesem falschen Etikett etwas zu ändern, an dem wir fast wie unter einem Brennglas die Entfremdung beobachten können, die mit der Kunstgeschichte in die Christenheit eingebrochen ist. Je mehr Bilder die Wissenschaftler dieser kritischen neuen Zunft aber aus den Gottes- und Schatzhäusern der Christenheit zu kapern verstanden, desto mehr spaltete sich die Theologie von der Kunst des Glaubens ab. Ich muss Dir nicht mehr erzählen, wie ich sie in der Integrierten Gemeinde, vor der Du mich vergeblich gewarnt hattest, als eine sterile und angebliche Wissenschaft der Worte kennen gelernt habe, mit denen sich alle möglichen Irrlehren begründen und rechtfertigen ließen. Ich konnte mir einfach keine Sekten in der katholischen Kirche vorstellen und hatte übersehen, dass alle Irrlehren theologische Ursprünge haben. So will ich hier auch gern vor Dir kapitulieren, lieber Albert. Ich gebe es auf, Dir beweisen zu wollen, dass die Advocata die älteste Marienikone der Welt ist, ‚geschrieben' von dem Evangelisten Lukas. Ich erzähle es Dir einfach und gebe es auch auf, mich mit anderen Mitbewerbern über die Deutungshoheit wahrer und erster Bilder in einen Wettstreit einzulassen, gerade so wie Hilde Zaloscer es schon bei Herrn Parlasca getan hatte. Dieser Streit ist nutzlos in einer Arena akademischer Sekten, in denen selbst ernannte ‚Aufklärer' die Deutungshoheit der heiligen Bilder der Christenheit schon so lange gekapert haben. Die Bilderstürmer, die alle Ikonen leidenschaftlich hassten, verstanden sich immer als Aufklärer."

„Warum? Was waren die Argumente und Gegenargumente der Bilderverehrer und Bilderstürmer?"

„Das Hauptargument der Bilderverehrer blieb immer gleich. Christen haben ein Bild Gottes, sagten die Verteidiger der Ikonen seit Anbeginn. In Jesus von Nazareth habe Gott sein Gesicht gezeigt. Es ist das christliche Alleinstellungsmerkmal zwischen den Buchreligionen. Diese Behauptung aber ist für Kunsthistoriker normalerweise belanglos. Für alle, die als seriös gelten wollen, gilt im Gegenteil der kategorische Imperativ, kein Bild jemals in apostolische

Zeit zu datieren und quasi mit der Heilsgeschichte selbst zu verbinden. Da schreiben Kunsthistoriker schon seit langem mit stillem Einverständnis voneinander ab und auch den Bischöfen vor, was sie zu denken und zu glauben haben, in quasi wissenschaftlicher Solidarität. Denn sie sind doch die Experten. Wie sollte man sich da nicht ihrer Expertise und der vorgeblich fast mathematischen Zuverlässigkeit ihrer Behauptungen beugen müssen? Auch Datierungen von Ikonen dürfen deshalb unmöglich ins 1. Jahrhundert zurückreichen. Nur für die Bilder aus Fayum gilt das nicht, doch auch nur, wenn sie mit dem Christentum mit Sicherheit nichts zu tun haben, wie es Herr Parlasca als eifersüchtige Gegenstimme zu Frau Zaloscer ebenso kategorisch behaupten und festlegen durfte.

Aber eine andere Frage an Dich: sag Du mir doch bitte einmal, wie ich mir eigentlich das Zustandekommen dieser Überlieferung vorstellen soll, nach der Lukas, der Evangelist und Autor der Apostelgeschichte, auch noch eine erste Ikone Marias gemalt haben soll? Wie soll der Mensch beschaffen sein und aussehen, der sich solch eine Legende konkret ausgedacht und in die Welt gesetzt hat? Wie und warum? Das möchte ich gern einmal glaubhaft erzählt und erklärt bekommen."

„Gern, Paul. Aber lass mir Dir als Antwort eine mail schicken, weil ich selbst dazu noch etwas lesen will, okay", sagte Albert. So verlegten wir unser Zoom-Gespräch in einen kleinen Mail-Verkehr, als eine Art Internetpingpong von Rom am Tiber nach Frankfurt am Main.

„Pling", tönte es zwei Tage später im Auto. Und während meine Frau unseren Volvo am Kolosseum vorbei steuerte, konnte ich neben ihr auf dem Smartphone die Antwort Alberts studieren, der mir nun schrieb: „Gegenüber Deinem Zweifel an der Annahme, dass es sich bei dem Ursprung einer ersten Ikone durch Lukas um eine Legende handeln muss, wie es die allermeisten Kunsthistoriker und Theologen tatsächlich vertreten, braucht es schon noch ein triftiges Gegenargument. Ich weiß nicht, ob dein Verweis auf die Tradition und auf Thomas von Aquin da ausreicht. Auch die Metapher mit dem ‚Rauch, der auf ein Feuer hinweist' ist leider ein bisschen irreführend. Wie wir am Beispiel der erst im 13. Jahrhundert entstandenen Legende von der Päpstin Johanna lernen können, ist das Feuer oft etwas völlig anderes als eine dahinter liegende Wahrheit."

„Entschuldigung, lieber Albert, du weißt selbst, das waren Fake News", antwortete ich umgehend, „die absichtsvoll in die Welt gesetzt wurden und an die seit Jahrhunderten kein Mensch mehr glaubt. Legenden solcher Art aber sind doch etwas ganz anderes als eine Tradition, die sich seit frühesten Tagen als einhellige Überzeugung in der Liturgie und Überlieferung der orientalischen und orthodoxen Christenheit des Ostens niedergeschlagen hat. Im Westen hingegen kam diese Tradition nie ursprünglich, sondern eher vom Hörensagen und nur gebrochen an."

„Was meinst Du damit? Kannst Du das etwas genauer erklären, vielleicht an einem Beispiel?", fragte Albert zurück. „Gern und warte ein wenig, bis ich wieder zuhause an meinem Bildschirm sitze."

„Ein besonders schönes Beispiel für die lateinische Bildkultur des Westens können wir uns am Beginn der Renaissance auf einem Gipfel der Malerei anschauen", schrieb ich ihm da. „Es ist das Bildmotiv, wie der heilige Lukas die Madonna malt, das Rogier van der Weyden aus Tournai nach 1450 in Öl und Temperafarben auf Eichenholz verewigte, und zwar in vier fast identischen Bildtafeln, die sich heute in der Alten Pinakothek in München, im Museum of Fine Arts in Boston, im Groeningemuseum in Brügge und in der Eremitage von Sankt Petersburg bestaunen lassen. Hier setzte van der Weyden die Szene jeweils nicht im Coenaculum auf dem Jerusalemer Zionsberg ins Bild, sondern in einem herrschaftlichen Raum in Burgund, wo der Maler in prächtiger Robe mit einem Notizblock und einem Silberstift vor der Madonna auf die Knie fällt. Die sitzt in königlicher Bekleidung auf einer Holzbank, das nackte Jesuskind in ihrer Rechten, dessen Lippen sie mit dem Zeige- und Mittelfinger ihrer Linken ihre rechte entblößte Brust hinreicht. Die Hände und Füße des Kleinen sind ekstatisch gespreizt vor sinnlicher Erwartung auf das Wohlbehagen des mütterlichen Gestilltwerdens. Alles ist auf das Delikateste ausgeführt. Die Bodenfliesen, die Brokattapeten, jedes Detail. Es ist ein Fest für die Augen, wo van der Weyden die Überlieferung aufgreift, nach der Lukas sein Porträt der Madonna mit einem Stift vorgezeichnet habe, das Engel danach zu Ende gemalt hätten. Ob er selbst die Advocata je gesehen hat – etwa auf seiner Romreise 1450 – weiß ich nicht, aber ich sehe, zuerst einmal malt der Meister sich hier selbst. Doch jetzt kommt es.

Es ist kein geschlossener Raum, den er uns hier zeigt. Sondern nach hinten öffnet sich der Blick, nur durch zwei ziselierte Säulen eines offenen Patio unterbrochen, weiter hinaus ins Freie. Und wo in Byzanz oder auf frühmittelalterlichen Bildtafeln der Hintergrund noch in geordneten Goldmustern ausgeführt wurde, als Goldgrund, wie im Nimbus der Advocata, wird unser Blick hier von der Hand des Meisters in die Welt hinaus gelenkt, zuerst in einen kleinen Vorgarten, dann zu einem Paar im Gespräch vor Schlosszinnen, dann über einen Fluss, der zu beiden Seiten von einer Stadt umrahmt wird, dann in die freie Weite, mit Hügeln, Felsen, Seen, Bergen und Inseln. In der Ferne zwei Schiffe. Es ist wie ein Modell vom Beginn der bald ganz und gar befreiten Landschaftsmalerei.

Sinnbildlich gesprochen ist es dieses offene Fenster im Haus Mariens, in dem im zunehmenden Lauf der Verweltlichung einer davor zutiefst religiös grundierten Welt das ganze Universum aller Phänomene in die Welt der Kunst eindringt, wo sie bald schon alle christlichen Motive und Themen völlig verdrängen, bis zu den aufstörenden Tabubrüchen Gustave Courbets, Amadeo Modiglianis, Pablo Picassos, Gerhard Richters. Alles fing mit dem Tabubruch des Lukas an."

„Aber Moment mal, Paul, Du willst Deine Advocata doch nicht im Ernst zum Ursprung der Welt all unserer Bilder erklären?!!"

„Das will ich nicht, Albert, doch neulich fuhr ich aus einem Traum hoch, weil ich dachte, genau das müsste ich. Der Gedanke fühlte sich an wie der Herzschlag vor einem Herzinfarkt. Dennoch war er logisch, weil die Welt unserer Bilder ja wirklich auf dem Bilderberg der Christenheit ruht. Und bei meiner Suche nach einer allerersten Ikone war ich ja ohnehin der Vorstellung nachgegangen, dass es von der Frau, von der es in der Weltgeschichte so viele Bilder gibt wie von keiner anderen Person, ein erstes Bild geben muss und nicht etwa deren zwei. Es muss ein einziges erstes Bild Marias geben, sei es nun verschollen oder immer noch existent. Gewagter ist da nur meine Behauptung, dass sich eben dieses Bild seit 1931 in einem verborgenen kleinen Kirchlein am Rand Roms befindet, als verborgenes Weltwunder inmitten der barocken Pracht Berninis und Borrominis und ihrer Kolonnaden und Kathedralen und der Meisterwerke Michelangelos. Schon klar, dass das anmaßend und verrückt klingt."

„Und warum sagst Du es dennoch? Mit welchem Argument willst Du das begründen!"

„Da würde ich mindestens drei nennen. Da ist erstens die innere Nähe zum Lichtbild ihres Sohnes, das Maria bis zu ihrer Entschlafung mit sich führte. Dieses Antlitz auf Muschelseide ist – wie ich es sehe – der zentrale Referenzpunkt der

Ikone der Advocata. Diese Bildtafel ist die menschliche Antwort des Evangelisten Lukas auf den schöpferischen Eingriff Gottes in den Textilien des leeren Grabes Christi. Zweitens ist da die große Nähe dieser Bildtafel zu den Mumienporträts aus Fayum aus dem ersten Jahrhundert und der individuelle Dialog dieser Bilder mit den Betrachtern, den schon Hilde Zaloscer so meisterhaft beschrieben hat. Und drittens ist es im Grunde noch einmal ein Dreisatz, der die Autorenschaft des Evangelisten Lukas fast zwingend wahrscheinlich macht: Da ist erstens die Überlieferung, dass diese Ikone von Lukas stammt. Diese Tradition hält sich an der Bildtafel fest wie lebendiger Efeu an einer alten Mauer. Zweitens beziehen sich zahllose alte Ikonen in Rom und dem Rest der Welt eindeutig und direkt oder indirekt wie in einem gemeinsamen Referenzpunkt auf dieses eine Urbild. Es ist wie bei der Freilegung des Petrusgrabes, als die Archäologen im II. Weltkrieg tief unter der Kuppel des Petersdoms genau in der Mitte im Erdreich einen strahlenförmigen Gräberkranz fanden, dessen Gräber um ein einzelnes Grab in der Mitte ausgerichtet waren wie Eisenspäne um einen Magneten. Da wussten sie: Da, in dieser Mitte, da musste der Apostelfürst begraben liegen. Und drittens ist da schließlich der Ausdruck der Advocata selbst, die in ihrer Einzigartigkeit vollkommen und weltweit aus allen Mariendarstellungen herausfällt.

In diesem Zusammenhang fällt mir ein Gedanke ein, den ich dem Philosophen Robert Spaemann verdanke, den ich am 11. Dezember 2009 zur Advocata hochbringen durfte. Kurz vor seinem Tod schrieb er mir dann knapp zehn Jahre später: ‚Wahrheit wird nicht in erster Linie durch Argumente, sondern durch Evidenz vermittelt.' Wahrheit erfahren wir demnach durch das Offensichtliche. Es ist das, was mich aus der Ikone der Advocata heraus anschaut!"

„Sonst noch was, Paul, was Du mir sagen willst?"

„Allerdings, Albert, und das ist dies. Von Albert Einstein habe ich den schönen Satz gelesen: 'Wenn die Idee am Anfang nicht absurd erscheint, kannst du sie fahren lassen (If at first the idea is not absurd, then there is no hope for it).' Das ist jetzt keine zweite Relativitätstheorie und dennoch kühn und stark, nicht wahr!? Das Absurdeste überhaupt aber ist es, dass die Advocata wie kaum ein anderes Bilddokument für das Geschenk der Freiheit steht, die mit der Christenheit in die Welt und die Geschichte eingebrochen ist. Es ist das Wunder der Freiheit! Sogar die Freiheit zur Sünde und Gotteslästerung und die Freiheit zur Gottesliebe, weil Gott nur ganz frei geliebt werden will und niemals unter Zwang."

„Kannst Du mir das genauer erklären?", antwortete Albert.

„Ich versuche es einmal", schrieb ich ihm darauf. „Besiegelt hat Gott das Wunder unserer Freiheit mit dem freien Tod seines Sohnes am Kreuz. Denn der Vater hatte ja keinen Blitz vom Himmel geschleudert, um die Gottesmörder auszulöschen. Und welche größere Sünde gab es je als diesen Frevel vom Golgatha? Welch größeres Verbrechen als den Mord an seinem eigenen Sohn?? Der Vater aber hat es zugelassen, ohne die Mörder zu zermalmen. Damit hat der Schöpfer etwas in die Welt gebracht, das es vorher nirgends gab. Das war die absolute Freiheit der Wahl zwischen Gut und Böse.

Später hat Lukas in seinem Evangelium als Einziger davon erzählt, wo wir diesem Geschenk der Freiheit zum ersten Mal in der Weltgeschichte begegnet sind. Denn in seinem Bericht ihrer Empfängnis stellt er ja auch dar, dass es kein Zwang war, dem wir neun Monate später die Geburt Jesu verdanken. Sondern es war das freie ‚Ja' der vielleicht Dreizehnjährigen, auf das Gott gewartet hat, bei seiner Ankündigung an das Mädchen durch den Erzengel Gabriel, von ihm schwanger zu werden. Das geschah unter prekärsten Umständen, um wenig zu sagen. Es war eine Zumutung. Mit diesem ‚Ja' riskierte Maria in der Welt, in der sie lebte, gesteinigt zu werden. Das wusste damals jedes Kind in Nazareth. Sie sagte es trotzdem! Auch davon berichtet uns wieder nur Lukas allein. Es ist alles in allem eine Geschichte der Wunder, der wir unsere Freiheit und unser Glück verdanken und eine Welt ohne Bannflüche. Und es ist ein Gott, der vollkommen anders ist als die lüsternen und rachsüchtigen Götter Griechenlands oder anderer Hochkulturen, von dem Lukas uns da erstmals erzählt."

Nach dieser Mail dauerte es drei Tage, bis Albert sich wieder meldete. „Dass ich weiter skeptisch bin, wird dich nicht wundern", schrieb er dann. „Dennoch hast du mich ins Nachdenken über die Rolle gebracht, die Maria nach dem Tod ihres Sohnes unter den Aposteln gespielt haben muss. Klar ist, dass sie in dieser Zeit für die Zwölf keine überirdische und ferne Göttermutter war, sondern das Fleisch und Blut vom Fleisch und Blut Christi, ihres Sohnes. Sie hatte den überlebt, dem sie das Leben geschenkt hatte. Natürlich verlieh ihr das in diesen Jahren in Jerusalem und Ephesus bis zu ihrem eigenen Tod eine unüberbietbare Autorität unter den Aposteln, die meines Wissens noch nie auf die rechte Weise betrachtet und gewürdigt worden ist. Da kann ich mir schon vorstellen, dass sie in dieser Zeit nicht nur die kostbarste Ansprechpartnerin und Ratgeberin war. In dieser Zeit muss Maria mit ihrer Person von den Aposteln wohl auch als erste Heilige schlechthin wahrgenommen worden sein. Dass in diesem Zusammenhang trotz des jüdischen Bilderverbots auch ein Bild von ihr entstanden ist, finde ich deshalb nicht mehr ganz unmöglich.

Was mich dennoch verwirrt, bleibt die Tatsache, dass es keinerlei Hinweise in der Literatur der Kirchenväter gibt, die auf einen Disput über das Bilderverbot hinweisen, das solch ein Bildnis durchbrochen haben müsste. Wenn ein Porträt Mariens als ernster Verstoß gegen das Gottesgebot angesehen worden wäre, hätte es eine letztliche Akzeptanz niemals ohne Widerspruch gegeben. Es wurde ja durchaus lebhaft unter den Aposteln gestritten, aber eben über Art und Formen der Mission. Dabei waren vor allem die Speisegesetze und die Beschneidungsfragen strittig. Es gibt in den ersten drei Jahrhunderten aber keinerlei Nachricht von einem Lukasbild der Maria. Wie erklärst Du das?"

„Relativ leicht, lieber Albert, und Du hast das Stichwort schon angesprochen. Das sind die strittigen Speisegesetze. Dahinter stehen die kultischen Reinheitsgebote, von deren immenser Bedeutung im religiösen Judentum wir uns keinen Begriff mehr machen können. Das Allerunreinste aber waren nicht etwa Schweine oder Shrimps und glibbrige Austern, sondern alles, was mit Gräbern zu tun hatte. Und nun stell Dir folgendes vor. Das Bild der Bilder, das erste Lichtbild Gottes, stammte aus dem Grab Christi! Die Datierung ist eindeutig. Es war die Osternacht. Es war die Stunde Null der Christenheit, in der Johannes als Augenzeuge ausdrücklich Tücher im leeren Grab erwähnt. Ein größerer Tabubruch als durch diese Bilder auf Grabtüchern war nicht vorstellbar. Es war ein doppelter Verstoß gegen das Bilderverbot und die Reinheitsgebote, mit Bildern eines Ebenbilds Gottes auf dem allerunreinsten Material, das sich nur vorstellen ließ! Und es hat etwas vom Humor Gottes, die zu dieser Bildwerdung führte. Doch da ist es kein Wunder, dass wir in Jerusalem zuerst einmal nichts davon erfahren und auch nicht in den Evangelien. Maria nahm den Schleier mit nach Ephesus. Das geschah auch, um die Urgemeinde in Jerusalem zu schützen, wo solche unreinen Objekte im Herzen der jüdischen Welt unmöglich ohne Todesgefahr hätten verehrt werden dürfen

Damit wird ein Zweites klar. Die schiere Existenz dieses höchst verbotenen Bildes musste in der Ur-Gemeinde augenblicklich einen Geheimraum inmitten der jüdischen Welt begründen. Also ein so genanntes ‚Arcanum', in dem alle Grabtücher sogleich verborgen wurden. Das Nichtbild aus Turin und das Lichtbild des Schweißtuchs sehen wir nach der ‚Entschlafung' Marias in Edessa auftauchen. Die hatte wohl der Apostel Judas Thaddäus dorthin gebracht, wie es eine gewisse Anzahl plausibler Legenden nahelegen. Judas Thaddäus stammte aus der ‚Familie' des Erlösers, wie auch immer das zu verstehen sein mag. Jedenfalls sind die Tuchreliquien Christi offenbar in fast familiär-natürlicher Erbfolge in seine Hände gegangen.

Von der Lukas-Ikone hingegen, die ja nicht auf einem unreinen Untergrund ruhte, stelle ich mir vor, dass sie die junge Gemeinde vor der Zerstörung Jerusalems zunächst auf ihrem Weg über den Jordan nach Pella in der ‚Dekapolis' begleitete und von dort nach dem Ende der jüdischen Kriege im Jahr 135 in die Obhut der Familie Marias nach Nazareth gelangte. In Nazareth bezeugt ein Pilgergraffito aus dem 4. Jahrhundert ein Abbild Marias, das dort eine Zeit lang verehrt wurde, bevor schließlich Aelia, die Gattin Kaiser Theodosius II., für ihre Schwägerin Pulcheria im Jahr 438 eine erste Marienikone von Jerusalem nach Konstantinopel schickte. Das war, als die Zeit in der Christenheit allmählich reif wurde für einen Kult der Bilder in einem Verschmelzungsprozess der christlichen Welt mit den ‚guten' Elementen der heidnischen Kultur, in dem auch viele ehemals heidnische Kultstätten durch die Staatskirchen in christliche Heiligtümer verwandelt und umgedeutet wurden. So hat die Ikone die ersten Jahrhunderte überlebt, ohne ausdrückliche Erwähnung oder irgendeine Nachricht bei den frühen Kirchenvätern. Überzeugend?"

„Hm", schrieb Albert, „gib mir ein wenig Zeit."

Doch diesmal dauerte es über eine Woche, bis er sich wieder meldete und schrieb: „Dass Du in Tabubrüchen ein Wesensmerkmal des christlichen Glaubens erkennen willst, schmeichelt zwar mir und meinen Vorlieben – wie Du seit unseren Tagen bei ‚Pardon' besser weißt als viele andere. Aber es überzeugt mich immer noch nicht komplett als Erklärung für den Ursprung der christlichen Bilderwelt. Vielleicht interessiert Dich heute aber etwas anderes mehr. Ich habe in den letzten Tagen ziemlich viel in den theologischen Kontroversen der syrischen und antiochenischen Kirchenväter gestöbert. Das teilen die Theologen mit den Philosophen: Es gibt immer endlosen Zank. Ohne die Kraft der Bilder und die imperiale Macht der Reichsidee wäre das Christentum wahrscheinlich früh in Tausende Sekten und Gurus zerfallen, die sich alle wild bekämpft hätten.

Und hier kommen nun die Augen deiner Advocata ins Spiel. Inzwischen kann auch ich mir vorstellen, dass die direkte Kommunikation dieser Ikone in ihrem Blickkontakt mit dem Betrachter möglicherweise ein Tor für die kommenden Jahrhunderte geöffnet hat. Der Ausdruck dieses Porträts ist schon sehr besonders und geht weit über andere antike Vorbilder hinaus. Gut möglich, dass ohne die Ursprungsform dieses Porträts die Marienverehrung wahrscheinlich völlig andere Wege eingeschlagen hätte. Das wäre für mich wirklich ‚revolutionär' an einem ersten – von Menschenhand gemachten! – Marienbild. Natürlich war zuerst Maria selber da. Das heißt die Person, die zum schlagenden Herz in der Mitte der christlichen Urgemeinde wurde. Dass nach ihr aber nicht etwa ein literarischer Kanon wie die verschiedenen Texte des neuen Testaments, sondern eine einzige erste Ikone zum Fundament ihrer Verehrung in der Kirche der Apostel wurde, die bald die Welt umspannen würde, wage ich kaum noch zu bezweifeln. Vorstellen kann ich mir also, dass diese Ikone und keine Predigt eines großen Kirchenvaters zur wahren Mutter des ‚marianischen Prinzips‘ innerhalb der Kirche wurde, von dem Urs von Balthasar so gern sprach. Was sagst du dazu?“

„Nichts, lieber Albert. Aber diese Entdeckung nehme ich Dir hiermit gleich ab und klaue sie für mein Buch, um meinen Lesern nicht vorzuenthalten, was der Allmächtige im Sinn hatte, als er neben dem Himmel und den Sternen und der Erde auch noch die Freundschaften geschaffen hat. Darf ich?“

„Klar, aber verrate mir bitte noch, wie Du Dir eigentlich vorstellst, wie die Ikone in deiner Vorstellung denn konkret entstanden ist.“

„Das mache ich gern. Lies es gleich selber nach, im vorletzten und nächsten Kapitel.“

Im Blitzableiter

Robert Spaemann am 11. Dezember 2009 vor der Advocata:
„Wahrheit wird nicht durch Argumente, sondern
durch Evidenz vermittelt"

Gestatten Sie mir nach dem kleinen Disput mit meinem großen Albert an dieser Stelle ein letztes Mal persönlich zu werden, weil die Suche nach dem ältesten Bild Marias den vielleicht besten Teil meiner Biografie in Beschlag nimmt.

Am 16. Januar 2016 war ich in Rom persönlich dabei, als erstmals eine Kopie des echten Bildes Christi von den Kapuzinern und Bürgern Manoppellos feierlich in den Petersdom getragen wurde und von dort in die nahe Hospitalkirche Santo Spirito in Sassia, um an jene Prozession zu erinnern, mit der Papst Innozenz III. am 16. Januar 1208 das wahre Bild Christi erstmals in Europa an die Öffentlichkeit trug. Von dem Sender EWTN hatte ich den Auftrag, das Ereignis zu filmen, bevor ich am nächsten Tag in das verschneite München flog, um mein Herz untersuchen zu lassen und um am selben Abend in einem bayerischen Lokal mit einem erfahrenen Lektor dieses Buch über die Advocata zu besprechen, wozu er mich eingeladen hatte. Darauf hatte ich mich gern eingelassen, weil auch mich in diesen Tagen vor allem die Sorge bewegte, meine Beobachtungen mit dem Gnadenbild noch rechtzeitig in ein Buch verwandeln zu können. Von dem Lektor habe ich schon lange nichts mehr gehört, weder am Telefon, noch per Mail. Doch in der Bogenhauser Klinik musste ich am nächsten Tag hören, dass es mit ein paar Stents nicht getan sei, wie ich gehofft hatte, sondern dass die Ärzte bei ihrer Untersuchung ein Aneurysma in der Nähe meines Herzens entdeckt hatten, das eine umgehende Bypass-Operation nötig machte. Ich erschrak nicht und ließ mir in der Kapelle des Hospitals das Sakrament der Krankensalbung spenden, wie ich es bei meiner Mutter schon 1952 erlebt hatte. Bevor die Narkoseärztin mich danach in Tiefschlaf versetzte, stellte sie mir noch eine russische Krankenschwester aus Sankt Petersburg mit dem Namen Iskra vor, die mir in der OP beistehen würde. So war es dann auch. Ich spürte nicht, wie mir das Herz freigelegt wurde. Doch einmal wurde ich während der OP kurz wach, als ich hörte, wie Iskra plötzlich „Merde!" rief, mir dann mit der Hand über den Kopf strich und zweimal sagte: „Es wird alles gut!", bevor ich wieder wegdämmerte und in den Tiefschlaf zurücksank, aus dem ich erst 17 Tage später wieder erwachen sollte. Danach aber wurde mir gewahr, dass mich in dem Moment wohl ein Funke vom Tod zum Leben durchzuckt hatte wie ein Blitz, der durch einen Blitzableiter in die Tiefe der Erde fährt. Das war, als Iskra bemerkt haben musste, dass mich mitten in der Herz-Operation ein Schlaganfall heimgesucht hatte, der mich um ein Haar das Leben gekostet hätte. In diesem Augenblick und den folgenden Stunden und Tagen habe ich mich selbst überlebt. So lebe ich heute noch, um dieses Buch über die Anwältin endlich beenden zu können.

Iskras russischer Name bedeutet auf Deutsch „Funke" - wie die Zeitschrift, die Wladimir Illjitsch Lenin drei Jahre lang im vorrevolutionären Sankt Petersburg geleitet hat. Sicher würde ich sie nicht wiedererkennen, sollte ich ihr einmal auf der Straße begegnen. Von einem zündenden Funken jedoch muss auch ich nun im Leben Marias berichten und wie es zu einem ersten Bild von ihr kam. Denn jetzt stellen wir uns das einmal gemeinsam vor: Maria und Johannes sind nach einer gefühlten Ewigkeit zurück in Jerusalem, am Ort der Kreuzigung, der Auferstehung und der Himmelfahrt Jesu. Der alte Abendmahlssaal ist noch unzerstört. Und mit Johannes und Maria war nun auch erstmals das wahre Lichtbild Christi an der Brust Mariens zurück nach Jerusalem gekommen, das sie in ihren letzten zwölf Jahren Tag für Tag mit Tränen, Seufzern und Gebeten bei sich getragen und verehrt hatte, wie es ein uraltes georgisches Pergament aus dem Katharinen-Kloster vom Sinai überliefert, als einen Schleier, von dem es da heißt: „Nach der Himmelfahrt Christi bewahrte die unbefleckte Jungfrau ein Bild, das auf oder über dem Grabtuch entstanden war. Sie behielt es alle Zeit bei sich, damit sie das wundersam schöne Gesicht ihres Sohnes immer betrachten konnte."

Deshalb hat sie den Schleier natürlich auch in diesem Moment dabei. Johannes ist jetzt rund vierzig Jahre alt und ich stelle ihn mir schön wie einen Engel vor, oder vielleicht auch wie Stephanus bei dessen Steinigung. Maria ist zwischen sechzig und siebzig. Ein Augenarzt will in den Augen der Advocata einen beginnenden „Arcus senilis" oder „Arcus lipoides" festgestellt haben. Das sei jene „bogenförmige zarte graue Umrandung der braunen Iris beider Augen, die auf ein gewisses Alter der Dame schließen lässt". In ihren Gesichtszügen sind jedenfalls die Passion, der Tod, die Auferstehung und die Himmelfahrt ihres Sohnes gespeichert wie in einer lebendigen Schriftrolle, auch ihre Ähnlichkeit zu Jesus. Kein Geschöpf des Universums war dem Schöpfer des Himmels und der Erde jemals so lange so nah wie sie. Ihre heilige Intimität mit Gott ist Marias tiefstes Geheimnis. Ihr Antlitz ist eine Offenbarung.

Den redegewaltigen Paulus stelle ich mir dagegen mit blitzenden Augen vor wie den jungen Pater Pio. Ein wahrer Mann Gottes. In seinem Brief an die Korinther wird der gelernte Zeltmacher später von einem „nicht von Menschenhand gemachten Zelt Gottes" unter den Menschen reden. Das Antlitz des Lukas hingegen erkenne ich überhaupt nicht. Ich sehe nur, er ist wie vom Schlag gerührt und sprachlos, als Maria vor ihm und Paulus erstmals das Lichttuch mit dem „schönen Bild“ ihres geliebten Sohnes hervorholt und im Licht entfaltet. Vielleicht ist ja auch Petrus bei dem Ereignis zugegen, der den Schleier mit Johannes schon in der ersten Osternacht in Christi leerem Grab entdeckte und sehen durfte. Hier bekamen nun jedenfalls auch Paulus und Lukas erstmals das wahre Bild des Auferstandenen zu sehen. War in diesem Raum auch der „Herrenbruder“ Jakobus dabei, der Vorsteher der ersten Gemeinde von Zeugen, die sich in Jerusalem zu Christus bekannten? Möglich, doch ich sehe ihn nicht.

Weder Paulus noch Lukas hatten Jesus je zu dessen Lebzeit gesehen. Doch Paulus wird in dem Schleier sogleich das Antlitz erkennen, dessen Licht ihn vor Damaskus zu Boden gestreckt hatte. Lukas hingegen, den einzigen nichtjüdischen Evangelisten, hatte der bis dahin unbekannte Anblick vom Antlitz des Gottessohnes durchzuckt wie ein Blitz einen Blitzableiter. Danach höre ich ihn nur stammelnd fragen, ob er denn nicht auch einmal ein Porträt von ihr, der Mutter, fertigen dürfe. Es war eine revolutionäre Frage.

Als Arzt war er mit der Physiognomie menschlicher Gesichter wohl vertraut. Zudem war er kein Jude. Er hatte griechische Schulen in Syrien besucht, wo er Paulus im Umkreis der Synagogen in seinem hellenistischen Umfeld kennengelernt hatte. Gewiss hatte er das Tabu des Bilderverbots nicht mit der Muttermilch eingesogen wie alle anderen Apostel oder wie Maria selbst. Ich erkenne sein Gesicht nicht. Doch hier hat er eine überwältigende Präsenz und sieht natürlich ganz und gar nicht aus wie ein Phantom. Vorausgegangen war dieser Begegnung und der revolutionären Frage des Lukas seit zwölf Jahren ein revolutionärer Weg aller Apostel und Jünger Jesu um die Frage, inwieweit das Erlösungswerk des jüdischen Messias auch Nichtjuden und deren faszinierender Bildkultur rings um das Mittelmeer offenstehen sollte, die Johannes und Maria in Ephesus schon seit Jahren umgeben hatte. Seit Jesu Tod und Auferstehung hatten sie alle begonnen, sich der Schönheit der hellenistischen Kultur zunehmend verständnisvoll zu öffnen. Kritische Punkte blieben für die ersten Christen die verpflichtende Beschneidung und die jüdischen Reinheitsgebote. Das Bilderverbot der Tora gehörte selbstverständlich dazu. Paulus als schriftgelehrtem Pharisäer war vollkommen bewusst, dass dieses Verbot vor allem dreidimensionalen Skulpturen galt, wie sie im Kult der benachbarten ägyptischen Pharaonen vorherrschten. Und dass keine Menschen abgebildet werden durften, die ja allesamt Ebenbilder Gottes waren. Dieses Wissen wird Paulus mit Lukas geteilt haben.

Vor allem aber sehe ich, wie der bezwingenden Evidenz des Ausdrucks Christi im Schleier in der Hand Marias die entscheidende Rolle für die Antwort auf die Schicksalsfrage des Lukas zukommt. Hat Maria ihre Antwort mit den Aposteln besprochen? Niemand hatte in diesem Kreis mehr Autorität als sie selbst. Sie war die Königin der Apostel. Schließlich sehe ich, wie Maria dem Wunsch des Lukas nachgibt und wie der Gefährte des Paulus am nächsten Tag mit einer dünnen Tafel aus Lindenholz zu ihr zurückkommt und sich in ihrer Unterkunft auf dem Zion im Komplex des alten Abendmahlsaals mit trockenem Gips und Wasser, verschiedenen Pinseln und Spachteln, Bienenwachs, Pistazienharz, tyrischem Purpur, einem Becken mit glühender Kohle, und verschiedenen Schalen zum Mischen der Pigmente an die Arbeit macht. Von hier oben aus konnte Lukas mit bloßem Auge im Osten den Tempel erblicken, der sich vor der Silhouette des Ölbergs in den Himmel hob. Das war der heiligste Ort Israels zur Verehrung seines unsichtbaren Gottes und Lukas aus Antiochia war schlafwandlerisch geläufig, auf welch gotteslästerliche Weise Antiochos IV. im Tempel des Allerhöchsten gegen das erste Gebot verstoßen hatte, als der Seleukidenherrscher zur Provokation des Gottesvolkes eben dort ein Götzenbild des Göttervaters Zeus aufstellen ließ. Die Aufstände der Makkabäer wurden durch diese Blasphemie entzündet.

Von Maria wusste Lukas zudem, dass ihr Sohn Jesus diesen Prachtbau schon als Kind „Haus meines Vaters" genannt hatte. Jetzt schaute sie ihn nur an. Und während in den Gassen der unruhigen Stadt übermütige Zeloten gegen die stolzen Legionäre der römischen Besatzungsmacht lärmten, stand Lukas seelenruhig vor seiner Staffelei und fügte seinem Meisterwerk Pinselstrich um Pinselstrich hinzu. Klar, dass er die Mutter nicht mit einem Neugeborenen oder einem Kind abbildete, sondern allein als Frau, die schon alles gesehen hat, größte Freude und furchtbarstes Leid. In ihrer linken Hand hielt Maria den gefalteten Schleier, den sie seit Jahren mit sich führte. Es war das „Tüchlein", von dessen Darstellung das Ehepaar Mora im Jahr 1960 in ihrer spektakulären Restaurierung der Bildtafel den letzten Rest wiederentdeckt hat. Es ist der innere Referenzpunkt dieses Porträts. Jetzt sehen wir auch: nicht Gelassenheit ist der wesentliche Ausdruck Marias in ihrem ersten Abbild. Sondern das ist ihre Heilsgewissheit.

Mit Hiob, dem gerechten Dulder, weiß sie, dass ihr „Erlöser lebt". Mehr noch. Sie weiß, dass ihr eigener Sohn dieser Erlöser ist. Darum hält sie vor Lukas das Schweißtuch Christi in ihrer Linken, die erste Nachricht über die Auferstehung ihres Sohnes von den Toten. Auf diesem Schleier zeigte der Erlöser selbst, dass er lebt. Auch dieses Geheimnis birgt die erste Ikone aus der Hand des Lukas wie in einem Bernstein. Er malte nicht, um Kunst zu schaffen. Er schrieb diese Ikone als erstes Kapitel seines Evangeliums.

Wie auch immer es zur Entscheidung für diese Darstellung Marias zwischen ihr selbst, Lukas, Paulus und den anderen Aposteln gekommen ist, der revolutionäre Durchbruch des Apostelkonzils zur Heidenmission wurde in dieser Ikone schon vorweggenommen und besiegelt. Im Mittelalter hieß es später, die Apostel hätten Lukas gebeten, ein Bild Mariens zu malen, was er zuerst abgelehnt, dann aber zugesagt habe. Danach habe er sich mit einem dreitägigen Fasten darauf vorbereitet. Herausgefordert und gerechtfertigt wusste sich Lukas zur Darstellung Marias aber durch den göttlichen Bildschleier vom Herzen der Mutter mit dem Antlitz ihres Sohnes. So hat Lukas seine erste Ikone „geschrieben". Danach wurde Ihm die Niederschrift seines Evangeliums anvertraut und der Bericht der Apostelgeschichte. Danach! Die Ikone der Advocata ist kein Alterswerk des Evangelisten. Maria war längst entschlafen, als Lukas selber alt war. Dann aber ist diese Tafel auch früher geschrieben als alle anderen Evangelien. Anders ist es sachlogisch gar nicht vorstellbar.

Und auch dies müssen wir festhalten. Niemals war je davon die Rede, dass Lukas eine Ikone des Völkerapostels Paulus geschaffen hat, den er doch Jahre begleitet hatte und bestens kannte. Auch sonst ist kein einziger Apostel gewürdigt worden, von Lukas in einer Ikone verewigt zu werden. Dieses Privileg kam nur Maria zu, der Königin des Apostelkonzils. Veranlasst aber wurde der geniale Schöpfungsakt des Lukas allein durch das Lichtbild Christi in Marias Händen. Anders ist dieser Tabubruch nicht vorstellbar.

Nicht in Rom oder Athen, sondern ausgerechnet in Jerusalem selbst ist das jüdische Bilderverbot also aufgehoben worden, in einem ersten – göttlichen – Schritt im Schweißtuch Christi in seinem Grab und in einer zweiten – menschlichen – Antwort auf die wahre Ikone im Porträt Marias durch Lukas, rund fünfzehn Jahre später, im Jahr 48. Seine Ikone ist im neuen jüdisch-christlichen Raum das erste von Menschenhand gemachte Bild eines gottesebenbildlichen Menschen. Maria selbst habe die Tafel zum Schluss gesegnet, heißt es in dem Synodalschreiben der Orientalen im Jahr 836. Als Lukas es vollendet hat, liegt zwischen seiner Ikone und dem ersten Lichtbild ihres Sohnes eine Ewigkeit im Augenblick eines Quantensprungs. Dass es danach hieß, Engel hätten seine Ikone zu Ende gemalt, ist leicht zu verstehen, weil die Tafel so überirdisch schön ausgeführt wurde. Andere Hände mögen nach ihm den Nimbus hinzugefügt haben und andere Zusätze. Doch Lukas verdanken wir das Antlitz. Es war ein Paradigmenwechsel vom Jüdisch-Christlichen zum Christlichen, den diese Tafel dokumentiert. Es war der leise Urknall unserer Bilderwelt. All dies sehen wir heute hinter dem Gitter der Klausur der Dominikanerinnen auf dem Monte Mario. In dieser Tafel ist der Funke übergesprungen, vom Feuer Gottes im heiligen Sudarium auf die Menschenhand des Evangelisten. Das lässt sich vielleicht jetzt noch am besten an den Augen in beiden Porträts erkennen, am barmherzigen Silberblick Gottes, der sich hier im Silberblick seiner Mutter spiegelt!

Kurz danach „entschläft“ Maria auf dem Zionsberg. Sie wird von den Aposteln am Fuß des Ölbergs auf einem Grundstück begraben, dessen Besitzer schon Jesus in diesem Bereich eine Herberge für dessen Zusammenkünfte mit den Aposteln zur Verfügung gestellt hatte. Gleich danach bekam das Porträt einen unfassbaren Wert, zusammen mit dem Umhang Mariens, dem Maphorion, und ihrem „Gürtel“. Kein Wunder, dass diesen drei Reliquien später in Konstantinopel eine prachtvolle eigene Kirche in der Nähe des Kupfermarkts gestiftet wurde. Und kein Wunder, dass sich gleich nach der Entschlafung Mariens die Nachricht von einer „Lukas-Ikone“ als eine der frühesten Überlieferungen der Christenheit festsetzte, wie die Nachricht der Aufnahme Mariens mit unverwestem Leib in den Himmel.

Ich habe schon erwähnt, dass Kenner der Materie gern argumentieren, Lukas gelte nur deshalb als der erste Ikonenschreiber Mariens, weil er so schön wie kein anderer von Maria und den Kindheitstagen Jesu in seinem Evangelium berichtet. Umgekehrt wird ein Schuh daraus. Denn der Akt des Malens ist ja keine Sekundensache. Die Kunst der Porträtmalerei ist im Gegenteil eine höchst intime und langwierige Angelegenheit zwischen dem Maler und dem Modell, die einige Zeit beansprucht. „Zur Kunst braucht man Ruhe", ist das einzige Zitat, das von Fra Angelico überliefert ist, dem seligen und wohl begabtesten Maler der italienischen Frührenaissance, der 1455 in Rom gestorben ist. Wieviel Ruhe und Zeit es in diesem Fall gebraucht hat, kann keiner sagen. Doch dabei wird die Mutter Jesu dem jungen Lukas jedenfalls einiges erzählt haben. Darum hat er uns auch später so viel von der Kindheit Jesu erzählt – und so viel wie kein anderer Evangelist von dem, was Maria „in ihrem Herzen bewegte". Und während Maria mit ihm sprach, schrieb Lukas diese Ikone. Vielleicht hat sie ihn in diesen Gesprächen ja auch überhaupt erst bewegt, sein Evangelium und die Apostelgeschichte der jungen Kirche für einen unbekannten Theophilus aufzuschreiben, an den er sich jeweils im Vorspann seiner beiden Bücher richtet. Denn auf welche Quelle kann er sich für die Kindheitsgeschichten Jesu denn sonst gestützt haben, als auf Maria selbst, als die erste aller Zeuginnen? Das hat er sich doch nicht aus den Fingern gesogen. Wie gut er sie aber wirklich kannte, zeigt seine Ikone der Advocata.

Ave Maria

Erste Liebe. Eines der ersten Fotos der ersten Begegnung des Autors mit der Advocata am 11. Januar 2006

Deshalb steht der kleinen Kirche auf dem Monte Mario in Rom kein geringerer Rang zu als den großen marianischen Basiliken in Guadalupe in Spanien und Mexiko, in Fatima in Portugal, oder Lourdes in Frankreich und Tschenstochau in Polen, um nur diese zu nennen. Und es spricht sehr für den bescheidenen Charakter Marias, dass sich dieses Gnadenbild verborgen, doch in der alten „Hauptstadt der Welt" befindet. Sie ist so bescheiden, dass sie nicht einmal umstritten ist, sondern nur so gut wie unbekannt.

Unten in der Stadt Rom, in ganz Italien und weltweit bis zur Sinai-Halbinsel gibt es zahlreiche hochverehrte Ikonen, die allesamt direkte Kopien dieser Lukas-Ikone sind. Doch nur die Selbstporträts der Madonna in Guadalupe in Mexiko und in Absam in Österreich kommen ihr im Ausdruck ein wenig nah. Besonders die Glas-Ikone aus Absam legt nahe, dass die Muttergottes die Ikone des heiligen Lukas vor Augen hatte, als sie dieses Bildnis im Jahr 1797 in dem Tiroler Ort bei Innsbruck hinterlassen hat. Der Mund, die großen Augen, die Haltung, selbst die Nase, die Ähnlichkeit ist groß. Nur das Licht fällt hier von links auf die Nase und nicht von rechts.

Die Advocata aber ist die Mutter der Marienikonen. Auf wunderbare Weise hat sie alle Stürme überlebt. Alle Bilder, die jemals dem heiligen Lukas zugeschrieben wurden, gehen auf ihr Vorbild zurück. Doch die Kirche ist viel zu klein für Pilgermassen, der Ort in Rom auch viel zu abgelegen. Keine Tram fährt hier hinauf, die Busverbindung ist kompliziert. Auf dem schmalen überwucherten Weg, der an der Klostermauer entlang zu ihr hinführt, ragen viele Pflastersteine als Stolpersteine heraus. Man könnte Sorgen haben, dass sich hier nur ja kein Pilger – Gott behüte! – den Hals bricht. Zuletzt war außer mir oft nur noch eine römische Dame mit einem wohlerzogenen Hund bei der heiligen Messe zugegen, wenn ich die Advocata und ihre Schwestern besuchen kam. Weil die kleine Kirche des Rosenkranzklosters aber nicht, wie sonst bei Kirchen üblich, mit ihrer Apsis nach Osten weist, sondern nach Westen, durchflutet an vielen Tagen morgens durch das gläserne Hauptportal das Licht der aufgehenden Sonne den Raum von Osten her wie den Paradiesgarten um das Haus Mariens auf dem Nachtigallenhügel über Ephesus. Und hinter ihrem Gitter hat das verborgene Weltwunder überhaupt das kostbarste Versteck, das sich für die erste Ikone der Muttergottes nur wünschen lässt. Das ist das immerwährende Gebet und der Gesang dieser letzten Töchter des heiligen Dominikus in Rom. Unter ihnen ruht und wartet die Bildmutter der Bilder, als unsere Anwältin und Fürsprecherin, Jungfrau der Jungfrauen und Mutter der Mütter.

Hier sehen wir Maria ins Gesicht, in deren Leib der Schöpfer des Himmels und der Erde die menschliche Gestalt ihres Sohnes angenommen hat. Sie war von der ersten bis zur letzten Sekunde bei ihm, von der Empfängnis bis zu seinem letzten Atemzug am Kreuz. Wie gesagt: Kein Geschöpf des Universums war dem Schöpfer des Himmels und der Erde jemals so lange so nah. Ihre heilige Intimität mit Gott ist Marias tiefstes Geheimnis. Sie war nie vor ihm geflohen und hat ihn nie verleugnet, wie etwa Petrus, der Fels und Apostelfürst. Die Kirche Christi müssen wir deshalb weiter als umfassend und apostolisch verstehen, aber dürfen ihre zutiefst mütterlich-marianische Natur doch nie mehr übersehen und aus dem Auge verlieren. Deshalb muss ich hier noch einmal die Erkenntnis wiederholen, die ich meinem Freund Albert Christian verdanke: Ein Bild ist die Quelle der Marienverehrung, kein Text. Jetzt wundert mich nur, dass ich nicht selbst darauf gekommen bin. Denn es gibt ja kein Evangelium Marias. Zuerst taucht kein Buch, sondern ein Bild von ihr auf. Das ist dieses Bild.

Danach setzt ihre Verehrung ein. In Mexiko hat sich das Phänomen später wiederholt, wie ich schon erfahren hatte. Und nicht ohne Grund erscheint sie hin und wieder wohl auch selbst. Ohne die Marienverehrung ist das apostolische Christentum als größte Weltreligion jedenfalls nicht denkbar, die sich der frohen Nachricht von der Menschwerdung Gottes im wahren Messias der Juden für alle Völker der Erde verdankt. Der Durchbruch dieser Nachricht ist vor allem das Werk des „Völkerapostels" Paulus. Er war die „Mutter der Missionare", um es einmal orientalisch zu sagen. Bei der marianischen Dimension des neuen Glaubens hingegen sieht es ganz anders aus. Paulus war ein geistiger Gigant. Maria aber hat er nur ein einziges Mal erwähnt, doch nicht einmal mit ihrem Namen.

Die Einfügung der Mutter Maria als wahre Monstranz der Christenheit hat Paulus ganz seinem Schüler Lukas überlassen, mit verschiedenen Erinnerungen, die sie „in ihrem Herzen bewegte", wie er später in seinem Evangelium schrieb, doch zuvor mit diesem Antlitz auf ihrer ersten Ikone. Diese marianische Seele verdankt die universale Kirche keinem Buch, sondern einer Ikone, einem Bild. Diesem Urbild aus seiner Hand. Das fällt mir erst jetzt wie Schuppen von den Augen, nachdem ich mich über zwanzig Jahre gegen die Autorenschaft des Lukas gewehrt habe, gerade so wie alle Kunsthistoriker, die über diesen Anspruch allesamt nur weiter müde lächeln.

Die Advocata ist also wirklich nicht die unerreichbare Dulcinea aus der Mancha, der Don Quijote so vergeblich hinterhergeritten ist. Sie ist kein Traum. Sie zeigt die Königin Polens und Kaiserin der beiden Amerikas. Sie ist die Chaldäische Madonna und die wahre Madonna der Milde, des Trostes, der Märtyrer, der Gnaden und des guten Rates und wie ihre ungezählten Ehrennamen noch alle heißen mögen. Die Advocata offenbart schon dem bloßen Auge mehrere Dimensionen und zeigt uns ihre Seele in einem materiellen Bild. Die Ikone des heiligen Lukas „erzählt" und verschlägt die Sprache. Sie ist ein Bildwunder, evangelisch wie das Evangelium, überirdisch schön und die Matrix aller Marienbilder.

Und was ist mit den Wundern? Über größere oder kleinere Wunder auf die Fürsprache der Fürsprecherin, die ich hier erlebt habe, ließe sich vieles sagen, wovor ich mich allerdings scheue. Auch unwahrscheinliche Gebetserhörungen, von denen ich berichten könnte, sind privat und gehen keinen was an. Denn Zeuge bin ich ja auch, wie hier konkrete Bitten um Heilung einfach auch nicht erhört wurden. Sie ist doch keine Zauberin. Hier ist sie die Königin des Apostelkonzils. Dass auf ihre Bitte hin Rom schon einmal von der Pest befreit wurde, glaube ich gern. Soll der Papst sie deshalb auch heute gegen die Pest des Krieges noch einmal durch Rom tragen wie Gregor der Große im Jahr 590, bis der Erzengel Michael erscheint und sein Schwert wieder in die Scheide steckt? Das würde ich mir wünschen, doch das müssen andere entscheiden. Für mich persönlich war es jedenfalls das größte Wunder, wie ich mein Leben lang aus tödlichen Gefahren errettet worden bin, um dieses Buch noch zu Ende schreiben zu können, für das ich schon so lange vorbereitet wurde. Und ein Wunder, das sich ganz zuverlässig wiederholt, ist die Erfahrung vom Glück des Gebets, das sich hier mit fast jedem Menschen teilen lässt. Bei anderen Wundern bleibe ich skeptisch.

Die ganze darstellende Kunst bis hin zur gegenstandslosen abstrakten Malerei und natürlich auch die neue Kunst der bewegten Bilder verdankt sich jedenfalls dem Schöpfungsakt des heiligen Evangelisten Lukas in seiner ersten menschlichen Darstellung eines menschlichen Ebenbildes Gottes innerhalb der Taburäume der antiken jüdischen Kultur. Das ist die erste Darstellung Marias, der Mutter Jesu und Mutter Gottes, in diesem Porträt. In gewisser Weise könnte man Lukas deshalb heute auch zum Patron des ‚iconic turn' erheben, der ‚Wende der Bilder', die gerade im weltweiten Netz die Welt der Kommunikation vom Kopf auf die Füße stellt.

Die wahre Ikone Christi auf seinem Schweißtuch hatte ich nie gesucht, sondern nur die älteste Ikone der Gottesmutter. Und erst jetzt erkenne ich, dass die Entdeckung des Volto Santo vor dem Abruzzenstädtchen Manoppello notwendig war, um die Advocata in Rom identifizieren zu können. Unabdingbar für diesen Zusammenhang ist also, dass das wahre Bild wirklich wahr ist, das den Herrn zeigt, der von sich gesagt hat, dass er die Wahrheit selber ist. Die Advocata hingegen ist keine Veronica, sie ist keine „Vera Icon". Dennoch macht diese Anwältin offenbar, dass der Glaube der Dominikanerinnen durch die Jahrhunderte alle universitäre Kunstfertigkeit und jeden akademischen Dünkel überragt. Und anders als im Antlitz ihres Sohnes in seinem Lichtbild aus dem Grab ist der Mund der Mutter hier nicht geöffnet. Es ist nicht so, als spreche er. Ihre Lippen sind geschlossen wie zu einem jener Küsse, mit denen sie ihren Neugeborenen in Bethlehem liebkost hat.

Dennoch ließ sich nur mit Hilfe der wahren Ikone ihres Sohnes der wahre Ursprung dieser Bildtafel der Mutter erkennen. Ich hatte das Heilige Gesicht zuerst entdecken müssen, um diese Ikone „lesen" und verstehen zu können. Künstliche Intelligenz hätte bis heute nicht dabei helfen können. Maria selbst hat geholfen, wie es auf unzähligen Votivtafeln an ihren vielen Heiligtümern zu lesen ist. Ich hatte die älteste Ikone der Welt gesucht und die Ikone des Evangelisten Lukas gefunden. Die beiden sind ein und dieselbe. Lukas wusste, dass er ein Ebenbild Gottes malte und dass es ein nie dagewesener Tabubruch und Verstoß gegen das Gesetz war. Er wusste im Gegensatz zu allen Malern nach ihm aber auch, dass sein Modell die Mutter Gottes selber war. Und seine erste und einzige Ikone erschließt und offenbart sich erst in ihrem ganzen Reichtum, wenn wir das zusammen mit Lukas begreifen und glauben.

Ja, es ist ein Ebenbild Gottes, und es ist eine Reliquie, so real wie das Schienbein des heiligen Thomas von Aquin, das die Schwestern seit einiger Zeit neben die Tafel der Advocata zur Ansicht stellen. Hinter dem Gitter des Rosenkranzklosters in Rom schaut uns die Fürsprecherin nicht nur als das schönste aller Madonnenbilder von Ost und West an. In diesem lebendigen Fragment ist die vielfach gespaltene Christenheit selbst noch eins. Wahrscheinlich nie mehr so sehr wie in jenem Moment. Hier schauen wir in ihr unverletztes Gesicht, und auf die noch ungetrennten und ungeschiedenen Geisteswelten von Wort und Bild. Sie anzuschauen heißt: einer Person zu begegnen. Sie auch nur anzublicken ist der Anfang eines immerwährenden Gebets. Sei gegrüßt, Maria!

Bibliographie

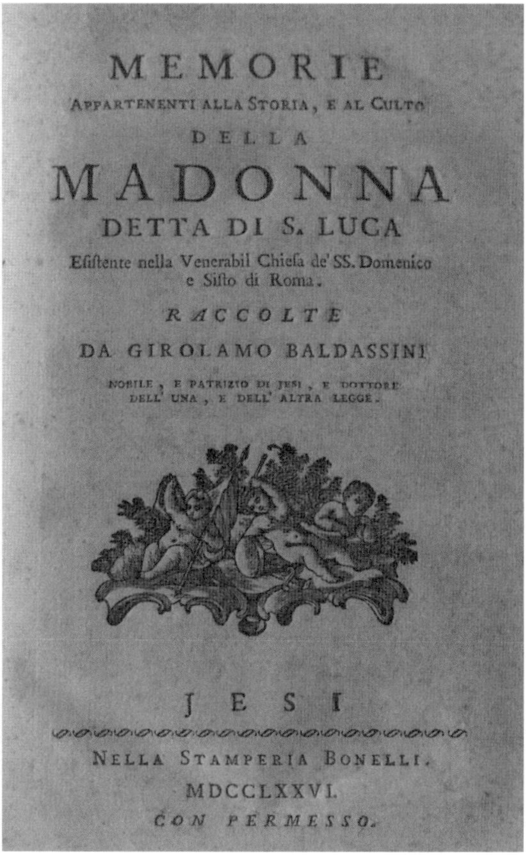

MEMORIE

Appartenenti alla Storia, e al Culto

DELLA

MADONNA

DETTA DI S. LUCA

Eſiſtente nella Venerabil Chieſa de' SS. Domenico
e Siſto di Roma.

RACCOLTE

DA GIROLAMO BALDASSINI

NOBILE, E PATRIZIO DI JESI, E DOTTORE
DELL' UNA, E DELL' ALTRA LEGGE.

JESI

Nella Stamperia Bonelli.

MDCCLXXVI.

CON PERMESSO.

Frontispiz der „Erinnerungen an die so genannte Lucas-Madonna“ aus der Stadt Iesi in den Marken bei Ancona von Girolamo Baldassini, aus dem Jahr 1776

Alle Zitate der Schrift wurden entnommen der *Einheitsübersetzung der Bibel*, Freiburg /Basel/ Wien 1980

Amato, Pietro, *De Vera Effigie Mariae, Antiche Icone Romane*, Rom 1988

Badde, Paul: *Maria von Guadalupe*, München 2004
- *Das Muschelseidentuch, Berlin 2005*
- *Roms geheimer Schatz, Vatican-Magazin, Rom 2006*
- *Mutter der Marienikonen, Vatican-Magazin Rom 2012*
- *Raphäel, München 2013*
- *Sudarium et Vestes, Berlin 2014*
- *Die Grabtücher Christi, Kisslegg 2015*
- *Von Angesicht zu Angesicht, Kisslegg 2015*
- *Spiegelbild göttlicher Verborgenheit, Vatican-Magazin Rom, 2021*
- *Maria Advocata zieht Besucher in ihren Bann, Die Tagespost, Würzburg 2022*

Baldassini Girolamo, *Memorie della Madonna detta di S. Luca*, Jesi, 1776

Bazielich, Antonio, *Una icona d'Oriente*, in Osservatore Romano, Vatikanstadt 1988

Benedikt XVI, *„Deus caritas est"* (Enzyklika), Vatikanstadt 2006

Berger Klaus, *Die Urchristen. Gründerjahre einer Weltreligion*, München 2008
- *Theologiegeschichte des Urchristentums, Stuttgart 1995*

Belting Hans, *Bild und Kult: Eine Geschichte des Bildes vor dem Zeitalter der Kunst*, München 1990
- *Das echte Bild – Bildfragen als Glaubensfragen, München 2006*

Bertelli, Carlo. *L'Immagine del Monasterium Tempuli dopo il restauro* in Archivum Fratrum Praedicatorum, Rom 1961

Berthier, Gioacchino Giuseppe, *La Vergine Acheropita dei Ss. Domenico e Sisto a Roma*, Ferrara 1889

Böhler, Dieter, in: *Volk Gottes vom Altar her. Die Konstituierung des Volkes Israel als Kultgemeinschaft, Eine ökumenische Revision*, herausgegeben von Stefan Heid und Markus Schmidt, Darmstadt 2022

Bongenberg, Salesia: *Die sieben Lukas-Ikonen Roms*, Fulda 1994
- *Rom – Stadt Marias, Marias Stadt, Fulda 1995*
- *Die Urikone Marias in Apostolischer Zeit, Fulda 1977*
- *Allheilige Jungfrau-Gottesgebärerin, Fulda 1997*

– *Maria Advocata – Lyddische oder Römische Ikone, Fulda 2006*

Bühren, Ralf van: *Marienikonen von außerordentlicher Schönheit – sechs römische Repliken aus dem 11. Bis 13. Jahrhundert, in:* Osservatore Romano, Nr. 37, *Rom 2012,*

– *Maria als fürbittende Anwältin bei Christus – Marienverehrung und Bilderprozessionen in Rom und Latium im Mittelalter, in: Osservatore Romano, Nr. 42, Rom 2012*

Cancellieri, Annamaria, *Tavole miracolose, Le icone medioevali di Roma e del Lazio,* Rom 2012

Carrère, Emmanuel, *Das Reich Gottes*, Berlin 2016

Cellini, Pico, *La Madonna di S. Luca in S. Maria Maggiore*, Rom 1943

Cervantes Saavedra, Miguel de, *Don Quijote von der Mancha, Teil I und 2,* München 2016

Claparède von, Melanie, „Über die *Advocata. Das Portrait der Gottesmutter gemalt vom heiligen Lukas, dem Evangelisten, Apostel, Arzt und Maler"*, Greding, 2022

Czernin, Marie, *Die Dreifaltigkeitsikone des Andrej Rublëv*, Wienerwald 2024

Dietz, Karlheinz (Hrsg) *Das Christusbild, zu Herkunft und Entwicklung in Ost und West: Akten der Kongresse in Würzburg, 16.-18. Oktober 2014 und Wien, 17.-18. März 2015*, Würzburg 2016

– *Von Dürer an Raffael, Von Mantua nach Manoppello, Regensburg 2021*

Dobschütz, Ernst von, *Christusbilder. Untersuchungen zur christlichen Legende.* Im XVIII. Band der TEXTE UND UNTERSUCHUNGEN ZUR GESCHICHTE DER ALTCHRISTLICHEN LITERATUR, hrsg. von Oscar von Gebhardt und Adolf Harnack, Leipzig 1899

Esbroeck, Michel van, *L'assomption de la Vierge dans un transitus pseudo-basilien,* Analecta Bollandiana 1974.

Fattizzo, Sebastiano, *SANTA MARIA DELLI'(ODEG) ITRIA*, Galatina 1986

Frassinati, Mimmo, *Il miracolo della Madonna di San Luca: Colei che mostra la via,* c/o MEDIOEVO, Roma 2019

Guarducci, Margherita, *La più antica icona di Maria,* Rom 1989

Guastella Salvatore, *La prodigiosa Madonna di San Luca*, Rom 2005

Giuliani, Raffaella, *Le Catacombe di Priscilla*, Rom 2017

Henze, Clemens, *Lukas der Muttergottesmaler – Ein Beitrag zur Kenntnis des christlichen Orients*, Leuven 1948

Hesemann, Michael, *Maria von Nazareth,* Augsburg 2011

Jung-Inglessis, Eva-Maria, *Römische Madonnen: über die Entwicklung der Marienbilder in Rom von den Anfängen bis in die Gegenwart,* St. Ottilien 1989

– *Maria, Ihr Bild in Rom von den Katakomben bis heute, St. Ottilien 1999*

Kabus, Sylvia, *Der gestockte Atem*, Herder-Korrespondenz, Freiburg, Oktober 2023

Kermani, Navid, *Ungläubiges Staunen,* München 2016

Koudelka, Vladimir, *Le „monasterium Tempuli" et la fondation dominicaine de San Sisto,* Rom 1962

Kraut, Gisela, *Lukas malt die Madonna,* Worms 1986

Lehner, Friedrich August, *Die Marienverehrung in den ersten Jahrhunderten,* Stuttgart 1886

Lohfink Norbert: *Die Messianische Alternative*, Freiburg 1981

– *Kirchenträume, Freiburg 1982*

Lütz Manfred, *Der Sinn des Lebens,* München 2024

Marcucci, Roberto (Hrsg.), *TAVOLE MIRACOLOSE, Le Icone medioevali di Roma e del Lazio del Fondo Edifici di Culto*, Rom 2012

Mosebach, *Die 21, Eine Reise ins Land der koptischen Märtyrer*, Hamburg 2018

Moskopp, Ulrich, *Abwesenheit menschlicher Gestaltungsgenialität*, in: DIE CAUSA MANOPPELLO von Markus van den Hövel, Kißlegg 2019

Neuss, Wilhelm, *Die byzantinische und russische Ikonenmalerei,* Freiburg 1927.

Parlasca, Klaus, *Mumienporträts und verwandte Denkmäler,* Wiesbaden 1966

Posener, Alan, *Maria,* Hamburg 1999

Rossi, Giovanni Battista de, La *Roma Sotterranea Cristiana*, Rom 1858

Salamonia, Suor Domenica, *Memorie del Monastero dei Santi Domenico e Sisto, Vol. V.*, Rom 1656

Schoeps, Hans-Joachim, *Theologie und Geschichte des Judenchristentums,* Hildesheim 1949

Spiazzi, Raimondo, *San Sisto all'Appia,* Genua 1991
– *La chiesa e il monastero di San Sisto all Appia, Bologna 1992*

Tichy, Helga, *Das Kultbild in der Spätantike und im frühen Christentum,* Wien 2008

Trenner, Florian, *Lukasbild* – in: Marienlexikon hrsg. von Remigius Bäumer und Leo Scheffczyk, 4. Band, Sankt Ottilien 1992

Vordermann, Jürgen, *Die älteste Marien-Ikone in Rom,* Rom 1990

Wiegelmann, Lucas, *Der Lukas-Code,* in: DIE WELT, Berlin 2013

Wellen, Gerhardus Albertus, *Theotokos. Eine ikonographische Abhandlung über das Gottesmutterbild in frühchristlicher Zeit,* Utrecht-Antwerpen 1960

Wolf, Gerhard, *Salus populi Romani. Die Geschichte römischer Kultbilder im Mittelalter,* Weinheim 1990

Zaloscer, Hilde: *Porträts aus dem Wüstensand – die Mumienbildnisse aus der Oase Fayum,* Wien 1961
– *Vom Mumienbildnis zur Ikone, Wien 1969*
– *Die Kunst im christlichen Ägypten, Wien 1974*

Zander, Hans Konrad, *Warum es so schwierig ist, in die Hölle zu kommen,* Paderborn 2021

Zentralinstitut der Kunstgeschichte in München, Band 42, *Inkarnat und Signifikanz, Das menschliche Abbild in der Tafelmalerei von 200 bis 1250 im Mittelmeerraum,* München 2017

Bildnachweis

Alle Fotos Paul Badde, außer: S.10 Studio Goertz, Breyell; S. 18 gemeinfrei, Berlin Gemäldegalerie; S.76 Daniel Ibañez, EWTN, Rom; S.86 Osservatore Romano; S.90 British Library / Granger, NYC; S.104 Giuseppe Enrie, 1931; S.110 gemeinfrei; S.158 Rainer Schönfeld Simon, Nettetal; S.166 Istituto Centrale per il Catalogo e la Documentazione, Roma; S. 178 Zoetmulder, Amsterdam; S.204 Osservatore Romano

Farbbildteil: Alle Fotos Paul Badde, außer: Nr. 4 Blachernen-Palast: gemeinfrei, Adakonda Lizenz CC BY-SA 4.0; Nr. 21 Kopie im Refektorium in Santa Susanna: Kathryn Bowers; Nr. 22 Advocata del Campo Marzio: gemeinfrei

Danksagung

Neben Ellen Maria, der Frau an meiner Seite und Mutter unserer Kinder, danke ich an dieser Stelle für das glückliche Zustandekommen dieses Buches ganz besonders Regina Steinhardt in Augsburg, Pater Bernhard Maria Alter OSB in Tyniec, dann Marie Gräfin Czernin von Chudenitz im Himmel und Albert Christian Sellner, meinem Kollegen und Freund seit dem Februar 1979 in Frankfurt am Main.

Und allen treuen Nonnen des Rosenkranzklosters auf dem Monte Mario in Rom natürlich, namentlich der Mutter Superiorin Maria Domenica de Marco und ihren Vorgängerinnen Sr. Maria Angelica Ubbriaco und Sr. Maria Matilde Caldarini sowie ihren Mitschwestern Sr. Maria de Marco, Sr. Maria Pia Fiorese, Sr. Maria Raffaella Fiorese, Sr. Miriam Gondasova, Sr. Maria Pia Perez, Sr. Maria Caterina Arca, Sr. Maria Cecilia Kasanova, in herzlicher Erinnerung an Sr. Maria Carlota und Sr. Maria Grazia. Dazu den Benediktinerinnen Sr. Maria Scholastika Herrmann und Sr. Maria Gertrudis Frank aus dem Sankt Walburgis-Kloster in Eichstätt

Außerdem, in verschiedener Weise und alphabetischer Reihenfolge: Meinem Bruder Hans-Peter, Hans Belting (†), Salesia Bongenberg (†), und ihrer Schwester Katharina, Kathryn Bowers, Rainer Bruchhausen, Karlheiz Dietz, Walter Dissertori, Thomas Freidel OFM, Rainer Marinus Grosse, Gertrude Hamberger, Augustinus Hieber (†), Vincenz Heereman LC, Michael Hesemann, Navid Kermani, Judith Hein-Kowalski, Alan Holdren, Barbara Huth, Liliana Inglessis, Josef Läufer, Heinz und Marcia Liechti, Andrea Marty, Martin Mosebach, Bernhard Müller, Hans-Gregor Nissing, Patrick Nold, Christoph Plasser, Alexandra Prandell, Martin Rothweiler, Horst Schaffrath (†), Josefine Schiffer, Raphaela Schmid, Robert Spaemann(†), Marianne Stutzki, Dirk Weisbrod, Thomas Weber.

Doch zuallererst und allerletzt, Gott sei Dank und seiner Mutter.

Paul Badde, Rom, am 18. Oktober 2023

Letzter Hinweis

Die klausurierten Dominikanerinnen des Rosenkranzklosters auf dem Monte Mario in Rom bereichern mit ihrem treuen Dienst des Gebets viele Menschen. Trotzdem leiden sie seit vielen Jahren selbst große materielle Not bei anhaltend steigenden Unterhaltskosten, weil großzügige Pilger mit Spenden kaum noch den Weg zu ihnen fanden.

Hier geben wir deshalb zwei Möglichkeiten an, wie den Schwestern auch aus der Ferne geholfen werden kann. Das wäre einmal über das folgende exklusive Sonder-Konto in Ravensburg:

IBAN: DE37 6505 0110 0101 0067 76
BIC: SOLADES1RVB
Empfänger: Fatima-Aktion e.V. Kißlegg

von wo alle Spenden ohne einen Cent Abzug in ihre Hände kommen – und wo unser Verlag jeder Wohltäterin oder jedem Wohltäter bei Wunsch eine beglaubigte Spendenbescheinigung für das Finanzamt ausstellt und zuschickt.

Natürlich sind Spenden auch direkt möglich auf das Konto der Schwestern in Rom:

IBAN: IT64 J053 8703 2220 0000 0000 001
BIC: BPMOIT22XXX
Empfänger: Monastero dei Santi Domenico e Sisto, Roma

Bei Überweisungen auf dieses Konto ist es aufgrund der deutschen Finanzgesetzgebung allerdings nicht möglich, eine steuerlich abzugsfähige Spendenbescheinigung zu erhalten.